宝 镜
——读史札记

攸光临　著

南开大学出版社

天　津

图书在版编目(CIP)数据

宝镜：读史札记 / 攸光临著. —天津：南开大学
出版社，2015.11
ISBN 978-7-310-04282-1

Ⅰ.①宝… Ⅱ.①攸… Ⅲ.①中国历史－通俗读物
Ⅳ.①K209

中国版本图书馆 CIP 数据核字(2015)第 270422 号

南开大学出版社出版发行

出版人：孙克强

地址：天津市南开区卫津路 94 号　　邮政编码：300071

营销部电话：(022)23508339　23500755

营销部传真：(022)23508542　　邮购部电话：(022)23502200

*

天津泰宇印务有限公司印刷

全国各地新华书店经销

*

2015 年 11 月第 1 版　　2015 年 11 月第 1 次印刷

230×170 毫米　16 开本　15.5 印张　2 插页　203 千字

定价：35.00 元

如遇图书印装质量问题,请与本社营销部联系调换,电话:(022)23507125

序　言

攸先生的读史札记——《宝镜》在他七十华诞到来之际即将出版。首先祝贺《宝镜》付梓，同时祝贺攸先生七十岁生日。

攸先生和我属于同年代人，有着相似的人生经历。我们都是上世纪六、七十年代"文化大革命"时期很早就参加工作，中断了本应继续的学业。攸先生和我都喜欢读史。但从那时起，他一直在地方领导机关工作，没有时间系统地阅读。

记得在"文化大革命"中的 1972 年，在中断 6 年之后，人民文学出版社开始重印全本《史记》和中国古代四大名著。这些书在"文化大革命"初期被视为禁书。由于久违多日，当时在边疆工作的我在黑龙江生产建设兵团 61 团政治处看到全本《史记》时，便借出来，如饥似渴地通读一遍。再后来，我在高校当了教师，由于工作繁忙，便无暇他顾，再也没有时间系统地读史。

攸先生自退休之后，便有了空闲时间。他用一年零三个月把《资治通鉴》通读一遍，并写出十多万字的读史笔记，从而完成《宝镜》的撰写。一是为了却自己多年来对读史的渴望，二是为自己的七十岁生日完成一件厚礼。

在《宝镜》中，针对每一个典型历史故事，并结合自己的人生经验，他都给出点评，撰写大量的真知灼见，值得一读。

比如，对《王安石列传》和《苏轼列传》的点评，对王安石改革的最终失败，攸先生给出全面、深刻总结，针针见血，颇有见地。我想，当今我国关于公务员系列退休金制度的改革中施行"老人老办法、中人中办法、新人新办法"一定是吸收了商鞅变法和王安石变法的经验教训。

又如，对唐明皇的评价，他有自己的独特见解。一般对唐明皇还是歌颂的多，特别是他的爱情故事。但攸先生认为，虽然唐明皇把大唐的繁荣推向极致，但整体上说，唐明皇是唐朝的罪人，由于他晚年不思进取，沉湎酒色，开启了大唐衰亡的起点。本人深以为然。作为一个政治家，国家最高统帅应该一辈子励精图治，来不得半点懈怠。一旦国家最高统帅颓废了，则整个国家必然走向衰落。这样的历史教训必须牢记。国家如此，个人也是一样，一旦失去奋斗目标，则断无成就可言。

随着我国居民预期寿命的延长，多数老年人开始意识到退休之后实际上是人生第二个"青春"的开始。在这个时间段可以做许多自己喜欢的事情。祝愿攸先生有更丰富的老年生活，期待他有更多的作品面世。

最后祝攸先生生日快乐，身体健康，长寿！

张晓峒

2015 年 9 月 15 日

以史为镜

以铜为镜，可以正衣冠；以史为镜，可以知兴替；以人为镜，可以明得失。

——李世民

历史是面镜子，李世民把它与"铜"和"人"相提并论，当成为人处世、治国兴邦须臾不离的三面宝镜，经常对照，以正言行，防己过，保清明，固社稷，克己勤政，励精图治，开创了"贞观之治"的太平盛世。可以说，唐太宗是"以史为镜"的"先驱"和"楷模"。

历史是人类活动的轨迹，现实来源于历史。历史的经验曾经是现实经验。了解历史，总结前人和自己经历的过去，才能够正确认识现实，展现未来。正如俄国思想家赫尔岑所说："充分地理解过去，我们可以弄清楚现状；深刻认识过去的意义，我们可以揭示未来的意义"。

毛泽东同志一贯强调："历史的经验值得注意"。因为历史的经验教训可以使人变得高明、聪慧、理智、超脱。我们要吸取历史的经验教训，更好地面对现实，指导未来，就必须敬畏尊重历史，学习研究历史。

史书是历史的记录。系统认真地、联系实际地阅读历史典籍，从中得到经验、智慧、启示和借鉴，是学习、研究历史最便捷的途径，是获取、用好"宝镜"的最有效的方法。

然而，历史典籍历时久远，内容浩瀚，文字难懂，乍读起来难免有枯燥乏味之感。加之社会上否定史书、讥讽读史的奇谈怪论，使一些人

"闻史怯胆""望史而逃",远离史书而去。其实,只要去掉浮躁,平心静气,坐下来,钻进去,读史并没有那么难。随着时间的推移、读史的进展、知识的积累、眼界的开阔和鉴赏能力的提高,历史典籍所描绘的大气磅礴、风起云涌的农民起义;忠奸愚贤、刀光剑影的宫廷斗争;立木为信、大刀阔斧的改革精神;横刀立马、所向无敌的征战凯歌;激情奔放、天长地久的爱情故事;慷慨悲凉、可歌可泣的爱国事迹等等所构成的波澜壮阔的历史画卷,就会潜移默化地产生一种无形的巨大的感染力和吸引力,使人们逐步感到读史是一件莫大的乐事。

前事不忘,后事之师。读史不光是为了"看热闹",也不是单纯地"长见识"。而应该从史书记载的那些治国兴邦的方略、廉洁从政的典范、腐败自毙的教训等篇章中,受到启迪和警示。真正把历史作为一面宝镜,不断对照自己,规范行为。借鉴历史的经验教训,把现在的事情办好。

我爱读书,尤其爱读史书。退休之后,读了不少历史书籍,写了一些东西。现在奉献给大家的是三篇读史札记。

我从 2010 年 11 月开始,用了一年零三个月的时间,把《资治通鉴》通读了一遍,写了十几万字的读书笔记。接着反过来细读重点、修改笔记。经过三次较大修改,2014 年 9 月在美国圣地亚哥探亲期间,以"资治通鉴简介""重点内容提要"和"通鉴之鉴选编"三部分组成的《资治通鉴》读书笔记最后定稿,先后花费了近四年时间。本书编入的《<通鉴>之鉴》只是笔记第三部分的修改稿,选编了 60 多个有借鉴意义的历史故事,后面是简短的点评。

第二篇读史札记《正史之师》,是在《资治通鉴》通读完毕、整理笔记的同时,选读了《二十四史》和《二十五史》的白话精选本所记下的札记。写法和《通鉴之鉴》大体相同。不同点是在读后感、点评之外,还根据有关资料,对部分史书的梗概和作者做了简要的梳理和介绍,增加了一些基本的历史知识。

第三篇读史札记《弦外之音》,是在阅读以上两部"大书"前后,阅读新编史书的笔记。既有感悟、点评，也有对不同观点的争鸣。很肤浅，甚至有谬误。重在参与吧。

让我们都来读史、学史、评史、用史，"明镜高悬"，照亮自己，照亮道路，照亮未来！

水平所限，差错难免，敬请赐教！并向对此书出版给予帮助的所有同志表示衷心的感谢！

攸光临

2015 年 7 月 19 日

目　录

第一篇 《通鉴》之鉴
——读《资治通鉴》

三家分晋始，
五代后周止。
以资于治道，
有鉴于往事。

——题解

一、前言

中国是一个有着五千多年悠久历史的伟大国家，历朝历代给后人留下了极为丰富的文化遗产。《资治通鉴》就是其中的光辉典范之一。

（一）

《资治通鉴》的作者司马光（1019年—1086年），字君实，山西运城夏县人，是宋代杰出的史学家。其祖父、父亲都是北宋初年的进士。祖父官至县令。其父曾任河南光山县令，官至四品。司马光生于光山县衙署内，故名"光"。

司马光天资聪明，幼年"砸缸救儿"传为美谈。二十岁考中进士。入朝为官后，官至尚书左仆射兼门下侍郎。在他当起居舍人（负责记载皇帝言行的官）时，开始编撰《通志》，于1066年撰成战国迄秦的《通志》八卷上进宋英宗，英宗命设局续修，并供给费用，增补人员。宋神宗读其书后，以其书"有鉴于往事，以资于治道"，赐书名《资治通鉴》，并亲为写序。司马光后因反对王安石变法被贬，退居洛阳任西京留守御史台。司马光在洛阳十五年，仍然继续编写《资治通鉴》。《资治通鉴》的修撰，前后经过了十九年。终于在1084年成书。

《资治通鉴》共二百九十四卷，三百多万字。记载了上起周威烈王二十三年（前403年），下迄后周显德六年（959年），一共一千三百六十二年的史事，按朝代为纪，分为十六纪，即《周纪》五卷、《秦纪》三卷、《汉纪》六十卷、《魏纪》十卷、《晋纪》四十卷、《宋纪》十六卷、《齐纪》十卷、《梁纪》二十二卷、《陈纪》十卷、《隋纪》八卷、《唐纪》

八十一卷、《后梁纪》六卷、《后唐纪》八卷、《后晋纪》六卷、《后汉纪》四卷、《后周纪》五卷。

（二）

《资治通鉴》是我国第一部编年体通史。它以时间先后叙次史事，使历史的发展变化、前因后果有个系统、明晰的交代，对重要的史事，采取追叙或补叙的手法，使事件完整地表达出来，被后人誉为"叙之井井，不漏不烦"。除叙述史事外，还有分析、评语，或引他人语，或题"臣光曰"，不论是叙事，还是评论，皆无一语无所本，繁简适宜、文浅事明。是一部可与《史记》并驾齐驱的宏文巨著，历代史学家和文学家都给予了高度评价。

《资治通鉴》是毛泽东主席最喜欢的古籍之一，几乎伴其一生，每每读之入迷，穷一十七遍，做了大量批注和评点。至书页残破，仍爱不释手，甚于"韦编三绝"。他说："每读一遍都获益匪浅，一部难得的好书啊！"毛泽东对《资治通鉴》的兴趣终身不衰。直到晚年，床头总放着一部《资治通鉴》，这部书被他读破了，粘着不少透明胶，不知留下了他多少阅读的印记。

毛泽东之所以喜欢这部书，是认为《资治通鉴》突出了历代兴衰治乱之根本所在，即"治国就是治吏""上梁不正下梁歪"。这部书可"借以熟悉历史事件，从中汲取经验教训"。

（三）

我过去阅读过《资治通鉴》的部分文章，但由于工作繁忙，没有通读过。退休后，有了充裕的自主时间。从 2010 年 11 月到 2012 年 3 月，我用了一年多的时间，把《资治通鉴》通读了一遍，写了十几万字的读书笔记，分为《通鉴》概述、内容提要和心得文章。之后，对笔记的三个部分增增删删，分分合合，进行了多次修改。经过反复斟酌，最后决定把旨在读懂弄通原著、以摘编归纳大意为主的篇章留给自己，以备翻阅；而将兼有感受、评论之类文字、以《<通鉴>之"鉴"》为题的随笔札记献给大家，以求赐教。

那么，为何称之为《<通鉴>之"鉴"》呢？清代思想家王夫之在他的《读通鉴论》"叙论"中说：……谈论"鉴"，在于有所得到，就必须知道得的原因；谈到失，也应推出失的原因。对于得，必须考虑改变条件后怎样做可以得；对于失，必须考虑发生偏颇后该怎样弥补失误；这些可作为政治的借鉴，不仅仅是悬于室中，只供观看而无实际的借鉴。

王夫之老夫子这段话说得再明白不过了。"鉴"，就是"鉴于往事"，弄清得失原因，考虑新的情况下怎样去得、怎样弥补和不再失误。本人年已古稀，无所他求，自然没有什么得失可谈。然既读《通鉴》，摘编可鉴"往事"，偶尔有感而发，略加评论，似为趣事。因而，在阅读《资治通鉴》的同时，写下一些札记和粗浅体会、感想。就把这些文字，叫作《<通鉴>之"鉴"》吧。

攸光临

2015 年 2 月 8 日

于南宫天地名门

二、《周纪》

　　《资治通鉴》第一卷至第五卷为《周纪》。《周纪》并没有记述周朝的全部历史，而是从东周威烈王二十三年（前403年）承认"三家分晋"写起，到赧（nan）王五十九年（前256年）周朝（东周）灭亡为止。换句话说，《资治通鉴》的《周纪》写的是周朝的灭亡史，探讨的是周朝从兴盛走向衰落直至灭亡的原因。

周室衰落　天子自坏

　　周朝是中国历史上时间最长的朝代，共传30代37王，约为791年，分为"西周"与"东周"两个时期。

　　西周（前1046年—前771年），周文王之子周武王姬发灭商后所建立，定都于镐京（今西安市西部）。共传12王，历时275年。

　　东周（前770年—前256年）是指周朝的后半段。西周被犬戎灭亡后，周王室东迁洛邑（即洛阳）之后史称东周，共传25王，历时515年，最后为秦所灭。

　　西周时期，周王保持着"天下共主"的威权，分封诸侯，号令天下。到了东周，周王室的地位一落千丈，再没有控制诸侯的力量，天下权力重心由天子下移到诸侯；东周后期，随着各诸侯国经济的发展，诸侯国内部卿大夫的势力逐渐发展起来。天下权力重心继续下移，由诸侯而卿大夫。这些卿大夫利用自己的经济实力，控制和瓜分公室，并互相争斗，以扩充领地。晋国的六卿争斗到最后，剩下韩、魏、赵三家，瓜分了晋国，史称"三家分晋"。此后，作为"天下共主"的周王朝已是名存实亡了。

《资治通鉴》首篇第一句:"初命晋大夫魏斯、赵籍、韩虔为诸侯",说的是魏、赵、韩三家瓜分晋权,当时是破坏礼制的行为,威烈王居然命这些大夫为诸侯。

司马光在《周纪》中是这样评点"三家分晋"的:"臣光曰:臣闻天子之职莫大于礼,礼莫大于分,分莫大于名"。他说的是崇礼、守分、正名的关系:天子的职责没有比尊崇礼制更重要;崇礼再没有比守分更重要;区分上下地位没有比正名更重要。他用大量史事说明这个道理。幽、厉二王丧失为君的德行,纲纪散乱,礼制丧失十之七八;周数百年仍为天下共主,以晋楚齐秦等国的强盛,也不敢随便加害于它,是名分存在的缘故;季氏、田常、智伯三家大夫的强势能够驱除鲁、齐、晋三国国君,但始终不敢为所欲为,不是力量不够,只是因为害怕干犯名分,受天下人辱骂;现在晋国大夫无视君主,瓜分晋国国土,周天子既不能起兵讨伐,反而百般宠爱,使他们身列诸侯的地位。连这样小小的名分都难坚守,先王的礼制可以说败坏完了。周天子命韩、赵、魏三家为诸侯,使原来不合法的"三家分晋"变成合法的了。司马光认为"非三晋之坏礼,乃天子自坏也",这是周室衰落的关键。他在《资治通鉴》中谴责周天子"自坏"礼制的行为,并以此为史鉴首事。

毛泽东主席晚年同身边工作人员的谈话中,曾评论过《资治通鉴》从周威烈王二十三年写起的想法。并说:"下面做得不合法,上面还承认,看来,这个周天子没有原则,没有是非,当然非乱不可。"周室衰落,天子自坏也!

有才无德　必遭大祸

司马光在《资治通鉴》第一卷"周纪一"中,以智氏选有才无德的智瑶(智伯)为继承人,最后智氏遭灭门之祸的历史事件为例,论述用人之道。书中说:

起初，智宣子准备立智瑶为继承人，智果说："不如立智宵好。因为，瑶比别人贤能的地方有五点，而不如别人的地方有一点。例如他留有美鬓，身材高大，一贤；擅长射箭，驾车有力，二贤；技能出众，才艺超群，三贤；巧言善辩，文辞优美，四贤；坚强果断，恒毅勇敢，五贤。以如此的贤能，却没有仁德之心。如果他能运用五种贤能，去驾驭别人，而以不仁之心去力行，试问，谁能受得了呢？如果立智瑶为后，智氏宗族必遭灭门大祸。"智宣子不听，仍立瑶为后。

宣子去世后，瑶贪图钱财，刚愎自用。专任晋国大权，侵吞他国土地。最后被联合起来的韩魏赵打败，智氏被灭。只有早早逃离智国的智果幸免。

司马光说："智伯之亡也，才胜德也"。接着，他分析才德关系说，聪慧明察、刚强坚毅叫做才能，公正耿直、中庸和平叫做德行。才能是德行的辅助，思想、德行是才能的统帅。才德全备的叫做"圣人"，才德全无的叫做"愚人"；德行胜过才能的叫做"君子"，才能胜过德行的叫做"小人"。君子拥有才能可以行善，小人拥有才能足以作恶。故若找不到圣人、君子，宁用"愚人"，不用"小人"。

司马光讲的用人之道，至今仍有借鉴意义，值得参考。自古以来，国中的乱臣，家庭的败子，大多是才华有余而德行不足，以至于造成国亡家破的太多了。所以治国理家的人士假使能审察才、德二者的不同标准，知道彼此先后的次序，又何必怕自己没有知人之明呢！

国之牢固　在德非险

武侯（魏文侯之子）浮西河而下，中流顾谓吴起曰："美哉山河之固，此魏国之宝也！"对曰："在德不在险。昔三苗氏，左洞庭，右彭蠡，德义不修，禹灭之。夏桀之居，左河济，右泰华，伊阙在其南，羊肠在其北，修政不仁，汤放之。商纣之国，左孟门，右太行，常山在其北，大河经其南，修政不德，武王杀之。由此观之，在德不在险。若君不修德，舟中之人皆敌国也！"武侯曰："善"。（摘自《周纪》一）

"以德治国"是司马光的一贯主张。他在《周纪》中，评价魏、齐国君德行，极力主张"德行"为天子之必备。司马光说魏文侯敬贤士、讲诚信、和睦强国和齐威王尊天子、用贤士成为强国。而像齐湣王这样的国君，只靠权谋、而缺德行国家必亡。本文中，他借吴起之口，再次强调国家的长治久安，在于国君的德行，不在山河的险要。

明珠宝贵　贤臣无价

周显王十四年（前 355 年），齐威王和魏惠王相约郊外打猎。魏王问："齐有宝否？"齐王答："没有。"魏王说："寡人之国虽小，还有十颗直径一寸长的明珠，照耀前后十二辆车。齐国岂能无宝？"齐王说："寡人认为的珍宝与你不同。我有臣名檀子，派他镇守南城，楚不敢犯。泗水附近的十二个诸侯小国都来朝见。大臣盼子镇守高唐，赵人不敢向东渔猎黄河之地。黔夫镇守徐州，燕赵分别在北门、西门祭拜祈福。大臣种首防御盗贼，则民风淳朴，路不拾遗。这四位大臣足以照耀千里，岂止是十二辆车子呢！"魏王听罢深为惭愧。

是啊，治国兴邦贤臣远比明珠珍贵的多呀！

提倡"三不"　坚守节操

"富贵不能淫，贫贱不能移，威武不能诎（qu)"（源于《资治通鉴》第三卷 《周纪》三），是孟子提倡的"大丈夫"应恪守的"三不"原则。孟子在评价纵横家张仪等时说，君子立天下之正位，行天下之正道，得志则以民由之，不得志则独行其道。富和贵不能使他的心意改变，贫和贱不能使他的节操改变，威胁和武力不能使他的志气屈服。能够恪守这

"三不"，这才称得上真正的大丈夫。张仪苏秦之流，凭借合纵连横之法，游说各国诸侯，获得高官厚禄，"诈人"也。

我觉得在评价古人的同时，不能忘记革命先驱和前辈们，在白色恐怖和战火纷飞的年代，恪守"三不"，百折不挠，克敌制胜。当今的共产党人理应以他们为榜样，坚守节操，永不变色。

恃德者昌　恃力者亡

《资治通鉴》第四卷《周纪》四中，司马光在分析乐毅率秦魏韩赵之军大败齐军和齐湣王之死后，提出了他的立国之策：义立则王，信立则霸，权谋立而亡。

义立则王。以义立国，根基稳定。国家稳定，天下就稳定。商汤、周武就是最好的例证。以义立国，可以称王天下。

信立则霸。诚信立国，百姓拥护，敌国臣服，友邦信赖，可以称霸诸侯。春秋五霸就是明显的例子。

权谋立而亡。权谋立国，对内欺骗百姓，对外欺诈友邦。结果，百姓离弃，友邦疑忌，敌国蔑视。每天都以权术诈谋行事，国家就不免陷于危难。强盛势力的齐国不注意礼仪，不重视政教，四面树敌，致使国家破灭。这没有其他的原因，只是因为不行礼仪，而专门从事权术诈谋而已！

司马光认为，一国之君以礼仪立国则可以称王天下，以诚信立国则可以称霸诸侯，以权谋立国则必然灭亡。司马光的观点难免有所偏颇，但靠强权政治、霸权主义是不会立于世界之林的。"恃德者昌，恃力者亡"似乎是一条永恒的真理。

群雄争霸　计高者胜

有人把东周分为"春秋"和"战国"两个时期。以周平王元年（前770年）到周敬王四十四年（前476年）为春秋时期，因孔子改编的鲁史《春秋》而得名；周元王元年到东周灭亡（前256年）35年后的秦始皇元年（前221年）为战国时期，因西汉刘向所编《战国策》一书而得名。

春秋时期以思想领域诸子百家争鸣、文化艺术百花齐放传后世；战国时期则以斗智斗勇、群雄争霸为特点。经过多年的混战，秦、楚、燕、韩、齐、赵、魏战胜吞并其他诸侯国，成为"战国七雄"，最后秦灭六国，建立大秦王朝。

七雄称霸也好，秦国统一也罢，不仅仅是靠实力，更重要的靠的是谋略智斗。各国君王和臣子都养了一批门客谋士，其中不乏出色的谋略家（纵横家）、军事家。《资治通鉴》不仅记述了秦国兴起、混战争雄、合纵连横、秦灭六国等战国时期的主要史事，还留下了"孙庞斗智""围魏救赵""孟尝君养士"等脍炙人口的故事，流传至今。

财色买路　玩火自焚

二十世纪六十年代常讲：阶级敌人拉拢腐蚀干部下水的手段是"一吃二喝三送礼，最后一招美人计"。历史上的赃官、政客、阴谋家也都是靠财色买路，飞黄腾达，干政专权，称王称霸。但最终逃脱不了玩火自焚、身败名裂的可悲下场。秦国奸相吕不韦就是一例。

据《周记》第五卷记载，吕不韦本是邯郸富商。他通过贿赂，诱使秦国立在赵的人质异人（子楚）为子嗣，又将自己怀孕的美女送给异人，后生了儿子名政（就是后来的秦始皇。《史记》中没有嬴政为吕不韦之子的记述，《二十四史》中也没有肯定的说法）。赵人想杀政，吕不韦以600

斤黄金行贿，使异人和政得以归秦。秦始皇的爷爷去世后，其父子楚继承皇位称庄襄王，吕不韦担任秦国丞相。第二年五月，庄襄王去世，13岁的太子嬴政即位，吕不韦被封为文信侯，号称仲父，执掌国家大事。

秦始皇即位时年幼，吕不韦与太后旧情不断，经常私通。秦王渐大，吕怕被发现祸及自身，诈称门客嫪毐（lao ai）是宦臣，献给太后使唤。太后宠嫪，生下二子，封嫪为长信侯。后被秦王发现，灭嫪三族。杀掉太后所生二子及为太后讲情者二十七人。后经茅焦冒死进谏，终与太后和好如初。秦王念吕不韦侍奉先王有功，不忍诛杀，免去相位，返回封国。后来，秦王恐吕叛变，赐吕喝毒酒自杀身亡。

当今社会，有些人不惜重金赠送甚至美色相许，变着法地行贿送礼，以达到升官发财等目的。而我们共产党内的某些领导干部乃至高级干部迷恋金钱美色，受贿敛钱，封官许愿，为他人谋取不法之私利，最后自己成为阶下囚。警惕"糖衣炮弹"的袭击，廉洁勤政，拒腐防变，是摆在每个共产党员面前的永恒课题。

三、《秦纪》

《资治通鉴》第六、七、八卷为《秦纪》，记载秦昭襄王五十二年到二世皇帝三年，即公元前 255 年到前 207 年共 48 年的史事。尽管《秦纪》只有三卷，但它所记录的历史是惊天动地的、是争议最多的，也是发人深省的。

大秦帝国　短命王朝

大起大落的秦朝，只有两代皇帝。

秦始皇作为人质之子，从小在异国他乡长大，应该说很不容易。嬴政即位后，更是经历了残酷的宫廷斗争，才坐稳了江山。秦王年幼，听信宗室大臣谗言，驱逐在秦为官的外国人。后来，秦王听了客卿楚人李斯上书之劝，废除逐客令，并重用李斯。数年之间，兼并六国，北征匈奴，降服百越，统一天下，建立了中国历史上第一个统一的、多民族的、专制主义中央集权制国家——秦朝，史称大秦帝国。尔后，大刀阔斧地进行了一系列改革：实行郡县制；车同轨，书同文，统一货币，统一度量衡；修筑万里长城。但也干了一些"焚书坑儒"之类的蠢事。

然而，到了秦二世，赵高篡政，李斯被杀，朝政腐败，奸臣当道，横征暴敛，民不聊生，引起了陈胜起义，刘邦起兵，楚汉相争。一个前所未有的大一统帝国就这样灭亡了。秦朝从统一六国到灭亡，只有 15 年国祚，是历史上最短命的朝代之一。

后人对秦始皇的评价众说纷纭。有人称秦始皇为功绩卓著的"千古一帝"，有的人则指责他是实行暴政的"暴君"。我认为，秦始皇干了很多前人没有做过的轰轰烈烈的事业，是历史上最有作为的帝王之一。胡亥则是名副其实的腐败堕落的"败家子"。

立木为信　成功之本

据《资治通鉴》《秦纪》二记载，公元前 359 年，商鞅想实行变法，以求富强。法令制定后，商鞅恐怕百姓不能信从，未立刻公布。而在首都的南门立了一根三丈高的木桩，征求能将木桩搬到北门的人，给黄金十斤。百姓觉得很奇怪，没有一个人敢搬动。于是，商鞅下令："能搬动者给黄金五十斤。"有一个人半信半疑地把木桩搬到了北门，立即获得五十斤黄金的重赏。商鞅依此表示信赏的决心，然后才公布法令。法令"行之十年，秦国道不拾遗，山无盗贼，民敢于公战，怯于私斗，乡邑大治。"

司马光说：信诺是君主的利器。国家赖人民生存，人民以信诺归附；不守信诺，便无法驱使人民，没有人民，便无法保卫国家。古时的君主，绝不欺骗民众，称霸的强国，也不失信于四邻，懂得治国的人，不失信于百姓，懂得持家的人，不失信于亲友。不懂的刚好相反，失信于邻国，失信于百姓，失信于兄弟父子，使得上下互不信任，彼此离心，造成败亡的结果。

可见：信诺、诚信、信用，多么重要，"信则灵"啊！

为将之道　重在不疑

《秦记》中在论述"为将之道"时，曾记述荀况论用兵之要、为将之道。

赵国的荀卿，名况。曾与人争论军事。谈到用兵之要，他认为"凡用兵攻战之本，在乎一民（百姓团结）"。问为将之道，他说，"最好的办法，是不用疑谋；最正确的行事，是不犯错误；最重要的事情，是不要后悔"。

好的将帅，总是"运筹于帷幄之中，决胜于千里之外"。拿连自己都疑惑不定的战略战术去打仗，能够取胜才怪呢！不犯错误是不可能的，要尽量少犯错误，而关键的问题是犯了错误怎么对待。天下没有卖后悔药的，怨天尤人更没用！

四、《汉纪》

《汉纪》共六十卷，记载了从汉高帝元年至汉献帝建安二十四年（前206年—219年）共四百二十五年的史事，在《资治通鉴》中篇幅仅次于《唐纪》（八十一卷）。

汉威四海　华夏扬名

汉朝分为"西汉"（前202年—9年）与"东汉"（25年—220年）两个历史时期，西汉为刘邦所建立，建都长安；东汉为刘秀所建立，建都洛阳。其间曾有王莽篡汉自立23年的短暂"新朝"。汉朝长达四百二十多年，是中国历史上存在时间最长的王朝之一（在此之前只有周朝存在时间更长，但东周后期的二三百年基本上是名存实亡）。

两汉时期社会相对稳定，贤能之士辈出，科技文化繁荣，经济实力增强，是中国历史上一个非常重要的发展阶段，大汉帝国当时曾经成为世界上最强大的国家。张骞出使西域首次开辟了著名的"丝绸之路"，汉朝的声威远播，外族开始称呼中国人为"汉人"，而汉朝人也为此而感到骄傲和自豪，乐于这样称呼自己，"汉"从此成为了伟大的中华民族的永远的名字。

无数事实说明，一个民族能够扬眉吐气、不受欺辱，一个国家能够立于世界之林、朋友遍天下，莫过于综合实力的雄厚强盛和外交政策的灵活得力。

楚汉相争　大智者赢

汉朝开国之君刘邦，是中国历史上仅有的两名"布衣皇帝"之一（另一名是明朝朱元璋）。沛公刘邦出身平民，做过乡间小吏（亭长）。在秦末陈胜吴广农民起义的滚滚浪潮中，揭竿而起，组织武装，率众反秦，逐步发展成为实力最强的队伍之一。与兵力更为强大的楚将项羽展开了长达四年之久的"楚汉相争"。刘邦项羽二人约定"先进入关中者为王"。沛先入关中，暂未称王；羽设鸿门宴，邦逃；羽入咸阳，杀死秦王子婴、火烧秦宫、掠夺财物妇女，后回关东；羽迁义帝于江南，自称西楚霸王，封刘邦为汉王；楚汉决战，羽败垓下，乌江自刎。刘邦即位，是为高帝，迁都长安，汉朝建立。

刘邦胸怀坦荡大度，广招天下贤能，与楚斗智斗勇，最终取得天下，建立了大汉王朝。而项羽骄横粗暴、刚愎自用，内部离心离德，战斗连连失利。最后走投无路，自杀身亡。正是：两军相遇勇者胜，双雄相斗智者赢。

宽和恩厚　大汉初治

高帝登基，封侯行赏，安抚众臣；平定叛乱，诱杀韩信；胡汉和亲，安定边境；鼓励农耕，发展生产。逐步稳定了大汉政局。

文景二帝吸取"虐政亡秦"的教训，秉承汉高帝以德治国的理念，实行了宽和恩厚的治国方略，采取了一系列卓有成效的措施：除苛法，废连坐，减轻刑罚；重农桑，亲耕田，休养生息；限制诸侯权力，惩办腐败，恭顺节俭；平定叛乱，稳定周边。这些措施的实施，带来国家太平，百姓富足，史称"文景之治"。

司马光说，谈到政治，在周朝以成王、康王时代最好，在汉朝则是文帝、景帝最美。书中称赞文帝说："四海之内安定宁静，百姓家家富足，后代很少可以超过他的成就的。"

《资治通鉴》中记载的文景时期"退还千里马""智逼薄昭自杀"（文帝舅昭犯罪）"丧事简办"等故事，至今仍然很有教育意义。

汉武功过 何以评说

汉武帝十六岁登基，七十岁去世，在位 54 年，是历史上少有的具有雄才大略的帝王。《资治通鉴》中的《汉纪》九至十四卷用六卷之多的文字，记述汉武帝在位期间的史事，对汉武帝有褒有贬地进行了评价。

汉武帝执政前期，"罢黜百家，独尊儒术"；以"和"为主，改善与南越、闽越及匈奴的关系；征召贤人，严肃法律；出使西域，安抚周边。内外稳定，经济发展。汉朝再次强盛起来。

汉武帝在位最后二十多年间主要干了三件事：一是连年征战；二是祭神求仙；三是"巫蛊之祸"。

汉武帝后期，推行霸权主义，不惜人力财力，征讨匈奴、朝鲜、滇国，进攻楼兰，打通西南夷。连年征战，浪费了国库银钱，加重了百姓负担。

到了公元前 118 年，汉武帝已经坐了 23 年皇帝，内乱外患，江山开始不稳。汉武帝不是精心治理，而是疑心严重，乱杀大臣官吏。大农令颜异因"腹诽"（皇帝怀疑颜异内心讥讽他）被诛杀。为永有天下，追求"长生不老"，汉武帝亲临东海求仙，奔赴泰山祭神。听说公孙卿在东莱见过神仙，便拜其为中大夫，亲自去东莱拜见"神仙"，未果。汉武帝并不甘心，派数千方士四处寻神仙，采灵芝。公孙卿说神仙爱住高楼，皇帝下令长安修筑蜚廉、桂观二观，甘泉修建益寿、延寿二观，等候神仙到来。堂堂大汉天子，愚昧、愚蠢至极！

接着，由于汉武帝相信鬼神，发生了骇人听闻的"巫蛊之祸"： 征和二年（前 91 年），丞相公孙贺之子公孙敬声被人告发为巫蛊咒武帝，与阳石公主奸，贺父子下狱死，诸邑公主与阳石公主、卫青之子长平侯卫伉皆坐诛。武帝宠臣江充奉命查巫蛊案，用酷刑和栽赃迫使人认罪，大臣百姓惊恐之下胡乱指认他人犯罪，数万人因此而死。江充与太子刘据有隙，遂趁机陷害太子，皇后卫子夫和太子刘据起兵反抗不果，相继自杀。太子的两子一女，全部被害。公元前 87 年汉武帝去世，千秋功罪如何评说？

班固说，武初立，求贤良，兴太学，颁历法，作诗乐，……有夏商周三代的风范。可惜，汉武帝的雄才大略缺少了文帝、景帝的恭谨勤俭，不能胜过《诗经》上所称述的时代。

司马光直接地给以抨击："孝武穷奢极欲，繁刑重敛，内侈宫室，外事四夷，信惑神怪，巡游无度，使百姓疲敝，起为盗贼，其所以异于秦始皇者无几矣。"

我认为，汉武帝的"丰功伟绩"不可磨灭。但为了自己"长生不老"，信惑神怪，祭神求仙，导致荒废政事，朝廷混乱，以至发生"巫蛊之祸"，数十万人无辜遭难，汉王朝所受损失，历经几代，难以弥补。直到汉宣帝摈弃"独尊儒术"，远避巫师方士；整顿吏治，任用贤能，有功必赏，有罪必罚；减免赋税，休养生息。励精图治，重振汉威，才有了汉室中兴。

呜呼！秦皇汉武，一代英豪，拜神求仙，如出一辙！ 千古一帝，雄才大略，晚节不保，悲剧难免呀！

霍氏之祸　萌于骖乘

霍光是西汉著名将领霍去病的同父异母之弟。霍光跟随汉武帝近 30 年，是武帝时期的重要谋臣。汉武帝死后，他受命为汉昭帝的辅政大臣，在这期间，平定夏夷叛乱和上官父子谋反篡权阴谋，稳定了政权；实行休养生息政策，经济复苏；汉匈和亲，苏武归汉，边防安定。

汉昭帝驾崩没有儿子继位；按皇后诏令立昌邑王刘贺为帝；刘贺在位 27 天荒淫放荡被废；立武帝曾孙刘病已即位，是为宣帝。霍光继续辅佐朝政，执掌汉室最高权力近 20 年，为汉室的安定和中兴建立了功勋，成为西汉历史发展中的重要政治人物。

霍光死后，其夫人霍显毒死怀孕的宣帝原配许皇后，让女儿霍成君当了皇后。皇上发觉许皇后死因后，霍氏谋反，阴谋被发觉，霍山、霍云、范明友等畏罪自杀，霍禹被腰斩，霍显及霍氏家族的其他成员也被斩首弃市。因与霍家有关联而被定罪诛灭的达数千家。皇后霍成君被废黜，后来自杀而死。

史书有云："霍氏之祸萌于骖乘"（指陪主子坐在右边）。霍光威震四海、自以为光宗耀祖之时，也给霍家埋下了祸根。"一人当道，鸡狗升天"，霍光专权，后人谋反，宣帝灭门，势在必然。另有史家评价："骄奢则不逊，不逊必侮上。侮上者，逆道也。在人之右，众必害之"。陪伴君主左右，自有他人嫉妒，何况霸权专横甚至企图谋反呢？皇帝更是不可容忍的。

斩尽杀绝　并非上策

汉宣帝在位期间，平定内乱，致力改革，经济发展，国威大振，中兴汉室，功不可没。

当然，汉宣帝也有发昏的时候。司马光对汉宣帝处死韩延寿、杨恽等重臣就很有意见，他认为这些人"罪不及死"，杀他们"太过分，太不应该了"。对宣帝那善美的政绩来说，是一个很大的损失！

我看司马光说得很有道理。对于霍氏的处理，也有失策之处。曾经有人建议，让霍氏离开朝廷，回到自己的封国，然后多多安抚。汉宣帝不听，最后矛盾激化，只好将三朝元老霍光的后代斩草除根。而且一杀就是成百上千户。太让人寒心了！于是，就有了张安世辞让官俸、太傅疏广请求隐退的事情。大臣们开始相信"知足不辱，知止不殆"，而侍奉皇帝不那么安心了。

高薪养廉　宣帝首创

《资治通鉴》第二十六卷载，汉宣帝神爵三年八月，宣帝诏曰："吏不廉平，则治道衰。今小吏皆勤事而俸禄薄，欲无侵渔百姓，难矣！其益使百石已下俸十五"（百石以下的提升 5%）。

原来从汉宣帝就开始实行"高薪养廉"啊！然而，当今央企高管哪位不是高薪，却养了不少贪官。

党锢之祸　撼汉根本

司马光认为一个国家治乱之因，从统治集团内部来讲，盛世，来自明君、明后、明相、名臣、名将共同励精图治；乱世，来自昏君、外戚、宦官、权臣、藩镇勾结操控朝政。刘邦、萧何等君臣精诚团结、共谋大业，不仅打下了汉室江山，还为"文景之治"奠定了基础；后来的外戚掌权、宦官乱政都严重危害了政权的稳定，最后导致了汉朝的灭亡。

东汉桓帝、灵帝时，宦官专权，世家大族李膺等联结太学生抨击朝政。公元 166 年，宦官将李膺等逮捕，后虽释放，但终身不许做官。灵帝时，外戚解除党禁，欲诛灭宦官，事泄。宦官于 169 年将李膺等百余人下狱处死，并陆续囚禁、流放、处死数百人。后灵帝在宦官挟持下下令凡"党人"的门生故吏、父子兄弟，都免官禁锢。历史上称为"党锢之祸"。

"党锢之祸"实际上是东汉士大夫、贵族等对宦官乱政的现象不满，与宦官发生党争的事件。虽然以宦官诛杀士大夫一党几尽而结束，但是

"党锢之祸"痛伤了汉朝根本，动摇了汉朝的统治，为黄巾起义和汉朝的最终灭亡埋下伏笔。内乱的危害更大于外患呀！

多震之国　今昔不同

2011年3月11日13时46分（北京时间）日本发生里氏9.0级地震并引发海啸和核电站核泄露，造成重大人员伤亡和财产损失。

我国继1966年邢台大地震之后，1976年7月28日凌晨在唐山发生里氏7.8级地震，当天傍晚又在滦县发生了7.1级地震。唐山大地震造成24万多人死亡，震惊世界。

其实，我国和日本一样是个多震国家。在《资治通鉴》中对地震早有记载。其中，汉安帝时期就多次发生地震：

汉孝安皇帝元初三年（116年），春，"郡国十地震"。冬，"郡国九地震"。

117年，"是岁，郡国十三地震"。

118年，"是岁，郡国十四地震"。

119年，"春，二月，乙巳（十二日）京师及郡国四十二地震。冬，郡国八地震"。

120年，"是岁，郡国二十三地震"。

121年，"冬，郡国三十五地震"。

122年，"秋，七月初一，京师及郡国十三地震"。

124年，"是年，京师及郡国二十三地震"。

以上是《资治通鉴》第五十卷（《汉纪》四十二）中记载的公元116—124年的九年中，汉朝发生的地震次数。说明当时地震年年发生，而且范围很广。尽管该书对地震的级别和危害没有详细叙述，但《汉纪》第四十二卷中记载了灾害发生后的一些情况。由于地震和连年发生的洪涝、干旱、冰雹、蝗虫等灾害，造成百姓生活极度困难，政局动荡不安。

蛮夷反叛、盗贼横行、百姓造反、朝廷内乱。天灾人祸，民不聊生。严重地区"骸骨委积，千里无人"。

现在对于地震等自然灾害，我国已经具备了防灾、抗灾、救灾、减灾的能力和经验。但在这方面，相对于日本我们仍然有很大差距，唐山地震死了24万多人，而日本这次地震死亡和失踪人数总共才两万多人。因此，我认为国家应当进一步完善和加强相关机制和设施建设，有效地抵御难以避免的地震等自然灾害。同时，要开展全民性的防震抗灾教育，做到常备不懈，临阵不慌，众志成城，抗之必胜！

恭谨节俭　蠢帝不愚

《汉纪》二十、二十一卷记述孝元皇帝期间的史事。

有人说汉元帝是一个十足的蠢材。他喜好儒术文辞，遇事犹豫不决，不辨是非，经常听信佞臣谗言。不少大臣蒙受不白之冤而自杀，例如老将军萧望之就是因受诬陷而自杀。

但是，汉元帝并非那么愚蠢窝囊、一无所为。他在位期间政局稳定，边境和平，百姓基本上能够安居乐业。他宽厚仁慈，恭谨节俭。即位伊始，灾荒四起。实行了减轻税赋、休养生息的政策，并且裁减宫内人员、马匹、围猎场所，节省费用，救济灾民，发展经济；他能够听信贤臣的建议，听从劝解没有改立太子，保证了汉室内部的稳定；特别是在对外关系上，继续采取战和结合的对外方针，武力征服了郅支单于。昭君出塞和亲，呼韩邪降汉称臣，实现了边境安定。

蠢是笨，而不是傻。被人瞧不起的汉元帝，能够发展经济，稳定政局，"昭君出塞"，安定边境，百姓能够安居乐业。虽然没有开创"元帝之治"，但是也算有所作为的帝王，至少是"基本称职"。

明章之治　成在用人

汉明帝（28 年－75 年）刘庄，东汉第二位皇帝，在位十九年。明帝之世，吏治非常清明：

（1）总揽权柄，权不借下。他严令后妃之家不得封侯参政，对贵戚功臣也多方防范。比如，明帝根据光武生前的意思，画 28 将于云台，但对自己的岳父马援却不予收入，以示自己要限制和约束外戚。馆陶长公主想替他儿子求个郎官做，汉明帝宁可送给外甥一千万钱，也不给官。大臣阎章才学出众，工作突出，但因两个妹妹是后宫嫔妃，汉明帝为不破坏外戚不封侯参政的规矩，硬是不提拔阎章。"因此，官吏都是适当的人选，人民安居乐业，远近都敬畏顺从。"

（2）知人善任，重用贤能。利用智勇双全的窦固、班超等人，征讨匈奴，沟通西域，改变了对外关系长期的紧张局面，保证了边境安定。命窦固、耿忠征伐北匈奴。汉军进抵天山，击呼衍王，斩首千余级，追至蒲类海（今新疆巴里坤湖），取伊吾卢地。其后，窦固又以班超出使西域，由是西域诸国皆遣子入侍。自王莽乱政至此，西域与中原断绝关系65 年后又恢复了正常交往。次年，又复置西域都护。班超以三十六人征服鄯善、于寘诸国、耿恭守疏勒城力拒匈奴等故事都发生在这一时期。

（3）先礼后兵，平息内乱。对企图谋反者、我行我素者坚决予以处置。一个是刘荆捣乱。明帝的同母弟刘荆是光武诸位皇子中比较有才能的一个，他给废太子刘疆写信，鼓动取天下、即皇位。在封地，他自曝反意。明帝知道后都没有追究。后来刘荆又使巫祭祀祝诅，被郡国的官吏报告，惶恐之下自杀。二是刘英谋反。光武帝与许美人所生的楚王刘英，在封国作金龟玉鹤，刻文字为符瑞，准备造反。被人告发，有司奏请要求诛杀他，明帝不忍，只是把他罢免流放。后来刘英自杀。明帝发现刘英结交士人官吏的名录，为此兴了大狱，株连了很多人。三是郭皇后生的两个儿子刘康和刘延又在封国结交宾客，图谋不轨，被削减封地。

清明的吏治，带来政局稳定，境内安定，经济发展，户口滋殖。在不到20年的时间里，全国载于户籍的人口由光武帝末年的2100多万，激增至3400多万。明帝去世后，章帝即位，他为人宽厚仁义，善良孝顺，执政清廉，关注民生；一如既往地按照明帝的用人理念，严管外戚；继续重用班超，汉朝威震西域。明、章帝期间，史称"明章之治"。

管住自己，管住外戚，严明吏治，用好朝臣，是"明章之治"的根本。

娃娃做皇帝　政局大动荡

《汉纪》四十至四十四卷中记载：117年汉和帝去世，出生才一百多天的小皇子刘隆就皇帝位，太后临朝听政。而这位汉殇帝即位几个月后就去世了，是历史上最短命、在位时间最短的"皇帝"之一。他死后，清河王的儿子刘祐过继给汉和帝，就皇帝位，即汉安帝，仍然是太后临朝。八年后的125年春，安帝死在巡狩路上，皇后怕朝内乱政，谎称皇帝病重，四天后回到京城才宣布皇帝驾崩，立北乡侯刘懿为帝。十月刘懿病逝。经过一场夺权争斗，中常侍孙程等立十一岁的济阴王为帝，即汉顺帝。汉顺帝昏庸无能，将大权交给了国丈梁商之子梁冀。封顽劣不忠、残暴凶恶的梁冀为大将军，搅浑了朝廷，天下混乱，四夷反叛，盗贼丛生。144年八月顺帝云世，两岁的太子刘炳即位，第二年正月刘炳去世。在梁冀操纵下，拥立渤海孝王刘鸿之子为孝冲帝，当时只有八岁。

自和帝去世以来，先后换了殇帝、安帝、少帝（刘懿）、顺帝、冲帝、质帝六个小皇帝，从刚过百日的娃娃到几岁的孩童轮番登基，仍然是太后听政，外戚专权，大汉的政局怎能稳定呢？

听忠难　从谏易

　　"听忠难，从谏易"源自《资治通鉴》第五十一卷《汉纪》四十三。

　　初，帝（顺帝）之立也，乳母宋娥与其谋，帝封宋娥为山阳君，又封梁冀为襄邑侯。尚书令左雄上封事曰："高帝约，非刘氏不王，非有功不侯……"。诏不听。雄复谏曰："臣闻人君莫不好忠正而恶谗谀，然而历世之患，莫不以忠正得罪，谗谀蒙倖者，盖听忠难，从谏易也。"

　　左雄接着分析了"听忠难，从谏易"的原因和危害："刑法，为人情所不能接受，宠幸尊贵，是人情十分盼望的；所以当时的风俗实行忠心的少，熟悉谗言的人多；所以使得君主经常听到自己的好处，很少知道自己的过错，迷惑事理，不能醒悟，因此到达危险灭亡的地步"。并建议不加封乳母，而是每年供乳母一千万钱，对内足够尽到恩爱的欢乐，对外不会造成官民的怪罪。暂缓对梁冀的封赠。于是梁冀之父梁商送回对梁冀的封赠。

　　"听忠难，从谏易"，在封建社会，从君王公卿到下层官吏中普遍存在。在共产党内的官员中同样也是有的。有的人官做大了，爱听阿谀奉承的话，爱用专拍马屁的人。我们劝告这些人尽快跳出"听忠难，从谏易"的怪圈，真正懂得"良药苦口利于病，忠言逆耳利于行"，做到"明察秋毫""闻过则喜"，当一个明白官。

峣峣者易折　皎皎者易污

　　《资治通鉴》第五十一卷（汉纪四十三）记载了"李固给黄琼书"一事。

　　（东汉顺帝永建二年，黄琼被征召入朝为官。）琼将至，李固以书逆遗之曰："……尝闻语曰：峣峣者易缺，皎皎者易污。盛名之下，其实难副。近鲁阳樊君被征初至，朝廷设坛席，犹待神明，虽无大异，而言行所守，亦无所缺；而诽谤布流，应时折减者，岂非观听望深，声名太盛乎？（岂不是期望太深、声名太盛造成的吗？）"。

读后使我想起，上个世纪七十年代初传达的毛主席给江青的信中有"峣峣者……"和"盛名之下……"两句话。毛主席1966年7月8日写给江青的信中说：

"六月廿九日的信收到。你还是照魏、陈二同志的意见在那里住一会儿为好。我本月有两次外宾接见，见后行止再告诉你。自从六月十五日离开武林以后，在西方的一个山洞里住了十几天，消息不大灵通。廿八日来到白云黄鹤的地方，已有十天了。每天看材料，都是很有兴味的。

天下大乱，达到天下大治。我历来不相信，我那几本小书，有那样大的神通。现在经他一吹，全党全国都吹起来了，真是王婆卖瓜，自卖自夸。我是被他们迫上梁山的，看来不同意他们不行了。在重大问题上，违心地同意别人，在我一生还是第一次。叫做不以人的意志为转移吧。晋朝人阮籍反对刘邦，他从洛阳走到成皋，叹道：世无英雄，遂使竖子成名。鲁迅也曾对于他的杂文说过同样的话。我跟鲁迅的心是相通的。我喜欢他那样坦率。他说，解剖自己，往往严于解剖别人。在跌了几交之后，我亦往往如此。可是同志们往往不信。我是自信而又有些不自信。

我少年时曾经说过：自信人生二百年，会当水击三千里。可见神气十足了。但又不很自信，总觉得山中无老虎，猴子称大王，我就变成这样的大王了。但也不是折中主义，在我身上有些虎气，是为主，也有些猴气，是为次。我曾举了后汉人李固写给黄琼信中的几句话：峣峣者易折，皎皎者易污。阳春白雪，和者盖寡。盛名之下，其实难副。这后两句，正是指我。我曾在政治局常委会上读过这几句。人贵有自知之明。……他们的本意，为了打鬼，借助钟馗。我就在二十世纪六十年代当了共产党的钟馗了。事扬总是要走向反面的，吹得越高，跌得越重，我是准备跌得粉碎的。那也没有什么要紧，物质不灭，不过粉碎罢了。全世界一百多个党，大多数的党不信马列主义了，马克思、列宁也被人们打得粉碎了，何况我们呢？我劝你也要注意这个问题，不要被胜利冲昏了头脑，经常想一想自己的弱点、缺点和错误。

中国自从1911年皇帝被打倒以后，反动派当权总是不能长久的。最长的不过二十年（蒋介石），人民一造反，他也倒了。蒋介石利用了孙中山对他的信任，又开了一个黄埔学校，收罗了一大批反动派，由此起家。他一反共，几乎整个地主资产阶级都拥护他，那时共产党又没有经验，所以他高兴地暂时地得势了。但这二十年中，他从来没有统一过，国共两党的战争，国民党和各派军阀之间的战争，中日战争，最后是四年大内战，他就滚到一群海岛上去了。中国如发生反共的右派政变，我断定他们也是不得安宁的，很可能是短命的，因为代表百分之九十以上人民利益的一切革命者是不会容忍的。

结论：前途是光明的，道路是曲折的，还是这两句老话"。

毛主席的信中引用的是《后汉书》中的"李固给黄琼书"，文字上与《汉纪》略有差别。《资治通鉴》《汉纪》中说，"峣峣者易缺"，而《后汉书》为"峣峣者易折"，且多了"阳春白雪，和者盖寡"一句。1971年，林彪事件后，党中央向全党传达了毛主席给江青的信。毛主席他老人家用李固的这段话来评论"自我膨胀、自我爆炸"的林彪，也是对江青的批评、劝诫和警告。

毛主席给江青的信公开传达、学习已经40年了。我仍然清楚地记得"峣峣者易折，皎皎者易污。阳春白雪，和者盖寡。盛名之下，其实难副"这段话，还有"山中无老虎，猴子称大王""为了打鬼，借助钟馗"等语句。我更记得当时毛主席告诫全党的话：人贵有自知之明，要严于解剖自己。我认为，牢记并运用好这些话，在当今仍具有十分重要的现实意义。

从杨乔拒婚想起的

《资治通鉴》第五十六卷记载：汉桓帝在位后期，由于"党锢之祸"朝廷缺少人才，汉桓帝诏令征召贤能。城门校尉窦武推荐了会稽人杨乔等人。杨乔"容仪伟丽，数上言政事，帝爱其才貌，欲妻以公主，乔固辞，不听，遂闭口不食，七日而死。"

对杨乔因拒婚绝食而死，我由此想到三点：

一是皇帝"选贤任能"，看中了"才貌双全"的杨乔，并想以女儿相许，说明汉桓帝求贤之心切，况且招贤能为"驸马"早有惯例，汉桓帝的做法似乎并无过错。如皇帝将自己的意愿强加于人，造成杨乔拒婚绝食身亡，则皇帝便是大错特错了。

二是杨乔之死实在可惜，但文中并无提到汉桓帝赐婚有强迫之意。那么，聪明的杨乔是惧怕皇帝的权势，还是相不中公主的才貌，绝食而死呢？我是不得而知。难道只能以死拒之，没有更好的办法吗？

三是当代官员以权强迫赐婚的有；为巴结上司"屈娶""公主"的也有。不是有一种说法吗：某某人娶的不是老婆，是他老丈人（或小舅子）等。这种"忍辱负重""屈膝"娶妻的人，难道不应该与古人杨乔比比"骨气"吗？

屏四患　崇五政

东汉末，秘书监荀悦"志在献替，而谋无所用"，故写《申鉴》。他在书中写道："为政之术，先屏四患，乃崇五政"。"四患"：伪乱俗，私乱法，放越轨，奢败制。四患不除，政令难行。"兴农桑以养其生，审好恶以正其俗，宣文教以章其化，立武备以秉其威，明赏罚以统其法"，是谓"五政"，值得推崇。他认为："四患既独，五政又立，行之以诚，守之以固，简而不怠，疏而不失，垂拱揖让，而海内平矣。"

荀悦在"申鉴"中提倡的"屏四患，崇五政"，现今不是仍然值得借鉴吗？

急流勇退　洁身自保

司马光在《资治通鉴》中一再把"洁身隐退"作为"立身之道"加以宣扬。在《秦纪》一中，借蔡泽之口说，"日中则移，月满则亏"。进退赢缩，与时变化，圣人之道也。秦国丞相范睢听了此话称病辞职。在《汉纪》中写道，太傅疏广谓少傅受曰："吾闻知足不辱（屈辱），知止不殆（危险）。今仕宦至二千石，官成名立，如此不去，俱有后悔。"

于是，当天父子一同称病，请求辞官隐退。皇上批准，加赐黄金二十斤，太子赠给五十斤。送行的车子达数百辆。

司马光提倡的全身而退，未免有些消极，但在当时的官场确实是一种保全自己的"立身之道"。

刘氏江山　王家天下

汉元帝皇后王政君之兄、成帝之舅王凤，初为卫尉，后嗣父爵为阳平侯。成帝即位后，当上大司马大将军，领尚书事。从此，他排除异己，挟持皇帝，操纵朝政。河平二年，汉成帝诏封王凤之弟王谭为平阿侯，王商为成都侯，王立为红阳侯，王根为曲阳侯，王逢为高平侯，史称"一日五侯"；王氏子弟也被任为卿大夫、侍中、诸曹；郡国守、相、刺史皆出其门。王凤死后，王音接替王凤。王商、王根先后为大司马骠骑将军辅政。王氏奢侈骄横，专权汉室。

成帝八个舅舅，只有王莽之父早亡没被封侯。王凤临死时将莽托付给太后和成帝。成帝去世，王根推荐王莽，他从校尉最后升为大将军。

王莽很快掌控了汉室最高权力，最后篡汉建新，当了皇帝。西汉失败的一个重要原因是太后听政，外戚专权。

其实，刘氏江山不仅仅是王家坐，外戚专权危害朝政的现象在汉朝几度存在。在此之前，外戚吕氏、霍氏，之后的梁氏都曾经擅专朝政，几乎葬送刘氏江山。不过最后都被铲除，汉室才幸免于难。

五、《魏纪》

　　《资治通鉴》从第六十九卷至七十八卷为《魏纪》，共十卷。记述了从曹操去世、曹丕继位到魏禅让于晋之前，也就是曹氏为帝 40 多年的史事。

曹魏代汉　"三国"无"纪"

　　我们上初中学习历史课时，老师编的朝代沿革顺口溜是"尧舜禹，夏商周，秦两汉，三国两晋南北朝……"。而《资治通鉴》在《汉记》之后，不是"三国纪"，而是《魏纪》。过去还常说"三国归晋"，而司马光的笔下汉晋之间不是隔着"三国"，却是曹魏代汉，司马篡魏。《资治通鉴》这种写法，与被乾隆皇帝钦点的正史《二十四史》之一的《三国志》大不相同。陈寿所作六十五卷《三国志》中有《魏书》三十卷，《蜀书》十五卷，《吴书》二十卷，分别记述魏、蜀、吴三国的历史。在《二十四史》中，《三国志》之后没有专门写魏史的史志，而接下来的便是《晋书》，记述两晋的历史。

　　《汉纪》的后十卷，名义上写的是汉献帝，实际上汉献帝不过是诸侯们（主要是曹操）的一个傀儡，本人并无多少事迹可写。献帝在位的近三十年时间里，天下大乱，群雄并起。《汉记》从各路诸侯讨伐董卓写到刘备称汉中王、孙权归降曹操。实际上记述的是"三国"的大部分。不过《资治通鉴》在写这段历史时，与《三国演义》等有所不同，一是仍然把这段历史看成东汉的一部分，以汉献帝的存在和挟持献帝的斗争为线索。二是只有"史事"，没有"演义"。三是对历史人物的评价与《三国演义》等有所不同。所记述的主要历史事件有：袁绍为盟主，各路诸侯讨伐董卓，最后吕布杀死董卓，伐董告终；袁绍逼死韩馥、打败公孙瓒，吞并冀州、并州等地，称霸北方；争相挟持汉献帝、曹操挟天子以令诸侯；诸侯混战；刘备、曹操称王；孙氏降曹等。《汉纪》的后十卷实为"三国"历史的前半部分。十卷之长的《魏纪》，写了从 220 年曹操去世、曹丕继位到 264 年魏禅让于晋之前 40 多年的史事，记述了曹魏从发展到衰落直至大权旁落司马氏的过程。当然，"魏史"离不开"三国鼎立"中魏同蜀、吴的斗争，《魏纪》自然不可不写蜀吴两国在与魏征战、争斗中发展和灭亡的历史。因此，可以把《魏纪》看作"三国"历史的后半部分。

总体看，司马光是站在曹氏和司马氏的角度写《魏纪》的，他没有把"三国时期"作为一个"断史时期"，却把"魏"作为一个朝代、以《魏纪》作为那个时期的"正史"，以魏代汉、晋代魏作为历史朝代的接续。也许今后的历史课本会把"魏国"写成"魏朝"呢。

乐不思蜀　可悲可耻

263 年曹魏大将邓艾和钟会伐蜀汉，汉主刘禅降魏。蜀汉灭亡。刘禅降魏后，被封为"安乐公"。有一次晋王与禅宴。旁人皆伤感，而禅喜笑自若。王问禅："颇思蜀否？"禅曰："此间乐，不思蜀也。"这就是《魏纪》中记述的刘禅"乐不思蜀"的故事。

安乐于敌人怀抱而不思故土，可悲！可耻！

曹操的另一面

曹操是个有争议的历史人物，在戏剧中多数被打扮成"白脸"，人们的印象中他是个"奸臣"。据说郭沫若要为他翻案。"批林批孔"时有人说他是"法家"。

近读《资治通鉴》发现，作者司马光在《魏纪》第一卷中，给予了曹操很高的评价。他用一句话，叙述了曹操在黄初元年（220年）正月，死于洛阳。然后评价说："王知人善察，难眩以伪。识拔奇才，不拘微贱，随能任使，皆获其用。与敌对陈，意思安闲，如不欲战然；及至决机乘胜，气势盈溢。勋劳宜赏，不吝千金；无功望施，分毫不与。用法峻急，有犯必戮，或对之流涕，然终无所赦。雅性节俭，不好华丽。故能芟刈（shan yi）群雄，几平海内。"

在司马光的笔下，揭示了曹操"奸诈""多疑""凶残"之外的另一面：他知人善任、沉着决断、赏罚分明、执法严格、廉洁务实，是天下大乱之时难得的具有雄才大略的领军人物，这正是曹魏平定北方、称雄诸国的重要原因之一。

曹魏三祖　才华出众

有人把曹操、曹丕、曹睿祖孙三人称为"曹魏三祖"。

《资治通鉴》关于曹操的事迹大都在《汉记》中。《魏纪》开始就是"曹操去世，曹丕继位"。曹操220年正月去洛阳，二十三日死在那里，儿子曹丕继曹操的汉相、魏王、冀州牧之位。曹操并没有当过皇帝，是由于魏国代汉，他的子孙做了皇帝，后来追封曹操为魏武帝。

魏文帝曹丕（187年—226年），字子桓，三国时期著名的文学家、诗人。建安文学代表者之一。220年正月曹操去世，曹丕继位为魏王、汉相、冀州牧。当年十月，逼迫汉献帝禅位，登基为大魏皇帝，彻底结束了汉朝四百多年统治。

曹丕坚持大权独揽，设立中书省，机要之权渐移于中书省，用人权从地方收归于中央。并下令限制宦官的权力、规定妇人不得预政、群臣不得奏事太后，后族之家不得当辅政之任。提倡节俭、薄葬，预作《终制》。曹丕的一些措施体现了他在政治上的才能，然而在军事才华上他远不能和父亲曹操相比，率三十万大军南下伐吴，被孙权的大将徐盛火攻击败。回洛阳后，大病不起，临终将其子曹睿托付于曹真、司马懿等人，终年四十岁。

魏明帝曹睿（204年—239年），字元仲，曹丕之子。曹丕去世后，曹睿继位为帝，指挥曹真、司马懿等人成功防御了吴、蜀的多次攻伐，并且平定鲜卑，攻灭公孙渊，颇有建树。

曹魏三祖，个个文韬武略，才华横溢，可谓一代枭雄。然而魏明帝统治后期，喜奢华，好女色。许多大臣对曹睿奢华好色不满，上疏屡谏；曹睿一概不予理睬。临终前托孤不当，导致后来朝政动荡。最终，司马氏代魏建晋。

司马昭之心　路人皆知

司马昭（211年—265年），司马懿次子，晋武帝司马炎之父。249年，司马懿发动高平陵之变，开始掌控曹魏军政大权。254年，司马师废曹芳，改立高贵乡公曹髦（曹丕之孙、曹霖之子）为帝。司马师病逝，弟司马昭继任大将军，后为晋公，把持朝政。曹髦对此不满。魏甘露五年（260年）五月，曹髦召见王沈、王经、王业等三人，愤慨说道："司马昭之心，路人皆知也！吾不能坐受废辱，今日当与卿等自出讨之。"不顾郭太后及众臣的反对，率领宫人三百余人讨伐司马昭。王沈与王业先行向司马昭通风报信，司马昭马上派兵入宫镇压，曹髦被杀死，年仅20岁。司马昭立曹奂为帝。曹魏实权彻底落入了司马氏的手中。公元265年，曹奂禅位于晋王司马炎，被废为陈留王（据《魏纪》九）。

知道了"司马昭之心"的"路人"，还要有对付他的正确办法。不然，小心再蹈曹髦的覆辙。

六、《晋纪》

晋朝分为西晋、东晋（317年－420年）两个时期。263年司马昭发兵攻蜀后，魏帝以并州等十郡封其为"晋公"，灭蜀后进爵为晋王。265年其子司马炎自立为皇帝，国号"晋"，定都洛阳，史称西晋，共传四帝五十二年。五胡乱华，晋室南渡，琅邪王司马睿在建业（又称建康，今南京）重建东晋，共传十一帝一百零四年。《晋纪》共四十卷，记述了两晋一百五十六年的史事。

君臣斗富　奢侈风行

据《晋纪》二、三卷记载，公元279年晋灭吴。280年，三国鼎立的局面完全结束了。晋武帝司马炎终于统一了全国，西晋奢侈、腐败之风随之兴起。其中，"君臣斗富"开历史先河。在斗富风气中最有名的是石崇和王恺。南皮人石崇，任过侍中，后来又出任荆州刺史，他靠搜刮过往的客商致富。王恺则是司马炎的母舅，也是豪富无比。石崇的屋子华丽异常，房子上挂满了缎带，饰有翠玉。王恺不肯认输，用紫丝布做了四十里长的帷帐来炫耀，石崇就做了个五十里的来和他比。司马炎常帮王恺来斗富，赏赐给他珊瑚树，高有二尺，世所罕见。王恺请石崇去看，石崇却用铁如意将珊瑚打碎，王恺很心疼，说石崇嫉妒自己。石崇却说我马上赔你，然后让手下人都去拿珊瑚树，高三四尺的就有六七个，这次比得王恺脸上很是无光。"君臣斗富"和买官卖官、腐败堕落等不良风气，严重影响了西晋的社会稳定和经济发展。

胜利之后怎么办，是历代胜利方掌权者必然遇到的问题。他们大多数没有也不可能解决好，因而带来很多问题，甚至是丧权的危机。中国共产党胜利后，毛泽东主席及时地在七届二中全会上提出"两个务必"，避免或减少了可能发生的骄傲、腐败等问题。现在，仍然值得我们牢记！

人吃人？骇人听闻！

《资治通鉴》多处描写灾荒年"人吃人"，令人读后不寒而栗。现从《晋纪》中摘录几段，也许并非耸人听闻。

《资治通鉴》第九十九卷 《晋纪》二十一卷记载，永和八年（352年）五月，"邺中大饥荒，人吃人，原来赵时的宫人几乎都被吃掉了。"

《晋纪》二十二卷记载：永和十一年"二月，秦发生大蝗灾，吃得各种野草都没有留下来一点，牛马互相吃对方的毛以充饥。"

《晋纪》二十八卷记载，太元十年（385年）"幽州、冀州发生大饥荒，人与人相食，城邑村落都十分荒凉。燕国的士兵很多人饿死。燕王慕容垂禁止人民养蚕，而以桑树的果实当军粮"。

《晋纪》二十九卷记载，太元十二年（387年）"凉州发生大饥荒，一斗米值五百个钱，人吃人，百姓死了大半。"看了此文，不寒而栗，真是骇人听闻！

当今社会，因饥荒"人吃人"的现象大概不会存在了。而在其他"领域"还有"人吃人"吗？

八王之乱　西晋将亡

晋武帝司马炎登基之初，曾经提倡节俭，但为时不长，朝内奢侈、腐败之风很快兴起。一是君臣斗富开历史先河。在斗富风气中最有名的是石崇和王恺。司马炎常帮王恺来斗富，使斗富风越刮越烈。二是卖官肥私有理。有个大臣直言不讳地对武帝说："当年桓帝时也有卖官的事，但桓帝让人把钱都归入了国库，陛下您现在卖官所得的钱却都进了自己的腰包。"司马炎承认说："爱卿所言极是"。三是荒淫好色。后宫有万人规模。为临幸方便，自己乘坐羊车在后宫内逡巡，停在哪个宫女门前便前往临幸；宫女便在住处前洒盐巴、插竹叶以引诱羊车前往。

晋武帝腐化堕落，疏于朝政，导致内政混乱。他听信谗言，逼死胞弟司马攸。皇后的父亲杨骏和他的两个弟弟，人称"三杨"，把持朝廷大权，老臣多数被疏远。290 年，皇帝极力追逐酒色声乐，因而得病驾崩。太子司马衷继位，是为晋惠帝，由其外祖父、太傅杨骏辅政。晋惠帝痴呆低能，即位后，皇后贾南风发动政变。接着就发生了"八王之乱"。

"八王之乱"参与者主要有汝南王司马亮、楚王司马玮、赵王司马伦、齐王司马冏、长沙王司马乂、成都王司马颖、河间王司马颙、东海王司马越等八王。

先是，赵王司马伦联合齐王司马冏起兵杀掉贾后，后司马伦废惠帝自立，司马冏等王举兵讨伐杀死司马伦，迎惠帝复位。司马冏以大司马入京辅政。长沙王司马乂举兵入宫杀死司马冏，政权落入司马乂手。接着是八王之间的混战。长沙王乂、成都王颖、河间王颙相继被杀。东海王越迎惠帝回洛阳，大权落入越手中，八王之乱到此终结。

"八王之乱"长达 16 年之久，参战诸王多相继败亡，百姓被杀害者众多，社会经济严重破坏，西晋的国力消耗殆尽。北方少数民族乘虚而入，"五胡乱华"（"五胡"指匈奴、鲜卑、羯、羌、氐五个胡人的游牧部落联盟）中的匈奴建立的"汉国"，多次进犯西晋。汉军攻克洛阳，晋怀帝司马炽在华林园被活捉。怀帝司马炽及大臣十多人被杀。司马炎之孙司马邺被扶立为帝，是为愍帝。此时，晋朝皇室、世族大部分都前往南方，西晋已经名存实亡。刘曜于 316 年 9 月攻陷长安，愍帝降，西晋亡。

西晋是中国历史上大一统王朝中，存在时间较短的一个朝代，历时只 52 年（最短的是秦朝 15 年，其次是隋朝 38 年）。西晋短命的原因主要是奢侈腐败、宗室内乱。

南北对峙 赵都邢台

317 年三月，琅琊王司马睿在众臣再三劝说下登上晋王王位，代理朝政。十一月愍帝被汉皇太子刘粲害死。318 年三月，愍帝遇害的消息传到建康，晋王登上皇帝位，是为东晋元帝。

汉主刘聪立刘粲为皇太子。318 年刘聪去世，刘粲登上皇位。大将军靳准叛乱，杀死刘粲，自号汉天王，代行天子政事。刘曜、石勒等讨伐靳准。刘曜到赤壁后，太保、太傅等大臣共拥刘曜登上皇帝位。

从此，南有东晋，北有汉国，两个政权同时存在，成为事实上的"南北朝"。南方的东晋存在 104 年。北方的汉主刘曜改国号为赵（前赵），石勒在 319 年十一月，即位称王，以襄国（邢台）为都城，建立后赵，消灭了前赵。此外，还相继有燕、秦、魏等政权存在。史称"五胡十六国"。

曾经是后赵之都的邢台，据说早在周朝就为"国都"。然而，这座几千年的"古都"，多少年来，"销声匿迹"，无人知晓。现在，邢台在国内"小有名气"。老年人知道邢台，是因为六六年邢台大地震震惊全国；年轻人知道邢台，是因为近几年邢台的雾霾在全国名列前茅；上班族知道邢台，是因为"环保""廉政"等时髦语喊得最响的原邢台市委书记成了阶下囚……呜呼！我的家乡——古都邢台，何时才能"重振雄风""再现辉煌"？

王凝之借"鬼"退兵

聪明爹爹糊涂儿，著名书圣王羲之和他儿子就是这样的一对父子。

王羲之的儿子王凝之，在东晋任会稽内史（相当于太守），信奉天师道。叛逆孙恩杀死上虞县令，率兵进攻会稽。王凝之不防备、不抵抗，整天在道室求神拜佛。官衙请求出兵，王凝之说："我已经请到得道的人，借调鬼兵守住各个要道，各有数万人，盗贼来了，不值得担心。"结果，孙恩攻陷会稽，王凝之被杀。他的夫人和几个儿子也都被杀死。

糊涂愚昧的王凝之，借鬼退兵，家破人亡。无独有偶，被侯景囚禁的梁武帝，仍在寺内念佛，最后被困饥饿而死。现在，不会再有人"借鬼退兵"了，但把自己的祸福寄托于神鬼佛仙的不是大有人在吗？

醉酒兵败　国破身亡

酗酒误大事，甚至会造成国破身亡的恶果。不信，请看《晋纪》关于前赵灭亡的记载：

咸和三年（328 年）后赵石虎与前赵刘曜战于高侯（山西闻喜）。石虎大败，陈尸 200 余里，南奔朝歌。同年十一月，石勒发兵三路进攻刘曜，前赵军队大溃。刘曜因出战前已醉酒，在退兵时马陷石渠坠于冰上（《通鉴》对刘曜嗜酒有专门描写），身上被创十余处，被生俘。石勒大获全胜，斩首五万余级。石勒让刘曜写信令其子刘熙投降。刘曜给刘熙的信中却令熙"与大臣匡维社稷，勿以吾易意也。"石勒遂杀刘曜。　第二年正月，刘熙得知刘曜被擒，忙率百官奔于上邽（天水），留守长安的前赵将军蒋英率十万军队投降后赵。八月前赵由上邽进攻长安，九月石虎攻克上邽，前赵亡。

因酒国破身亡，刘曜可笑可悲！

少能胜多　骄兵必败

"淝水之战"是中国战争史上"以少胜多"的著名战例，也是"骄兵必败"的有力证明。《资治通鉴》第一百零五卷记载了"淝水之战"的经过：

东晋太元八年（383 年），前秦苻坚在统一北方后，强征各族人民，组成 90 万大军，挥师南下，企图一举灭晋。面对前秦的强大攻势，东晋内部矛盾暂时缓和，一致对敌。宰相谢安沉着指挥，令谢石、谢玄等率 8 万北府兵开赴淮水一线抗击。

十一月，谢玄遣部将刘牢之率精兵 5000 夜渡洛涧（今安徽洛河），大破秦军前哨，斩梁成等秦将 10 名，歼敌 1.5 万。晋以劣势兵力首战告捷，士气大振，于是水陆兼程，直逼淝水东岸。苻坚登寿阳城，见晋军严整，又望八公山（在今安徽淮南西）上草木，以为皆是晋兵，始有惧色。谢玄针对秦军上下离心、各族士兵厌战的情况，及苻坚恃众轻敌又急于决战的心理，遣使要求秦军略向后撤，以便晋军渡河决战。苻坚则想待晋军半渡时用骑兵冲杀，于是下令稍退。然而秦军一退而不可复止，加以在襄阳被俘的晋将朱序趁机大喊秦兵败了，致秦军大乱。晋军乘机抢渡淝水猛烈进攻，大败秦军。溃兵逃跑时闻风声鹤唳，都以为是追兵，因而昼夜奔跑，饥寒交迫，死者十之七八。谢玄乘胜收复洛阳、彭城等地。苻坚身中流矢，单骑而逃。从此，前秦一蹶不振，苻坚后被叛将所杀。

司马光在《资治通鉴》一百零六卷总结"淝水之战"的教训时说，"坚之所以亡，由骤胜而骄故也。""数战则民疲，数胜则主骄，以骄主御疲民，未有不亡者也。""秦王坚似之矣。"司马说得对，苻坚正是败在骄傲轻敌上。

酒色误国 东晋灭亡

东晋孝武帝后期沉迷酒色，不理政事。396 年 9 月 20 日晚上，他在后宫喝醉酒后与宠妃张贵人开玩笑说："你因为年纪大（近 30 岁）应当废掉了，我希望另选年轻的"。张贵人大怒，当晚趁孝武帝酒醉将他活活捂死。孝武帝死后太子即位，称安帝。

东晋大将桓玄乘朝廷实力虚弱，挟持安帝，篡位建"楚"。刘裕与刘毅等起兵勤王，并最终消灭了桓玄的力量，安帝被恢复为皇帝。平定桓玄之乱后，刘裕派人害死晋安帝。扶持司马德文继位，史称晋恭帝。刘裕篡夺东晋实权后，率军南征北伐，对外打败了卢循、征服了巴蜀，先后消灭了南燕、后秦，其势力不断得到稳固壮大，在东晋内部排除异己，先后攻灭东晋刘毅、司马休之等实力派，最终迫使晋恭帝禅位，建立了南朝宋（刘宋），东晋灭亡。

前事不忘，后事之师。而晋帝不记赵王教训，照样是酒色误国，身败名裂了。

七、《宋纪》

《资治通鉴》一百一十九至一百三十四卷为《宋纪》，共十六卷，记述南朝宋（刘宋）的主要历史事件。

孤则易折　众则难摧

国王以折箭（折筷）比喻团结重要性的传说，有不同版本。《资治通鉴》一百二十卷记述的吐谷浑威王阿柴令子折箭的故事就是其中之一。

南北朝时期，在青海、甘肃一带，有个小国叫吐（tǔ）谷（yù）浑（hún），亦称吐浑，本为辽东鲜卑慕容部的一支。西晋末，首领吐谷浑率部西迁到枹罕（今甘肃临夏）。后扩展，统治了今青海、甘南和四川西北地区的羌、氐部落，建立国家。与南北朝各国都有友好关系。

刘宋元嘉元年（424年）冬，吐谷浑威王阿柴病危，召二十个儿子于床前。又命诸子各献一箭，取一箭授其弟幕利延使折之。幕利延折之。又取十九箭使折之，幕利延不能折。阿柴乃谕之曰："汝曹知之乎？孤则易折，众则难摧。汝曹当戮力一心，然后才能保国宁家。"言终而卒。

折箭也好，折筷也罢，一个意思：单只脆弱"易折"，捆在一起"难摧"，比喻团结起来力量大。兄弟们凝聚一起、团结一致，就能无比强大，"保国宁家"。

元嘉之治　刘宋振兴

史书常称历史上的兴盛时期为某某之治，如唐朝"贞观之治"、汉朝"文景之治",等等。

读《资治通鉴》,方知中国南北朝南朝刘宋时期还有个"元嘉之治"。《资治通鉴》一百二十三卷是这样记述"元嘉之治"的:

帝性仁厚恭俭,勤于为政;守法而不峻,容物而不驰。百官皆久于其职,守宰以六期为断;吏不苟免,民有所系。三十年间,四境之内,晏安无事,户口蕃息;出租供徭,止于岁赋,晨出暮归;自事而已。闾阎之间,讲诵相闻;士敦操尚,乡耻轻薄。江左风俗,于斯为美,后之言政治者,皆称元嘉焉。

宋武帝刘裕死后,长子刘义符即位,两年后,被辅政大臣徐羡之、傅亮、谢晦因嬉戏失德杀刘义符,立刘裕三子宜都王刘义隆,史称宋文帝。宋文帝继续实行刘裕的治国方略,清理户籍,免除百姓欠政府的"通租宿债",又实行劝学、兴农、招贤等一系列措施,使百姓得以休养生息,社会生产有所发展,经济文化日趋繁荣。

处于多年战乱、南北对峙中的刘宋,由于宋文帝"仁厚恭俭,勤于为政",开创了"元嘉之治"的太平盛世,成为东晋南北朝国力最为强盛的历史时期。事在人为呀!

内讧乱政　腐败亡国

南朝刘宋开国皇帝刘裕被一些人誉为"中国历史上杰出的大政治家、大改革家、卓越的大军事家、统帅。"其实,他就是个出身于破落士族(西汉楚元王刘交的后裔)、家庭贫寒的穷小子。少时种地、砍柴,年轻时以农为业,兼作樵夫、渔夫及卖履小贩,但他性格强悍、坚韧。东晋孝武帝时,刘裕投身行伍,开始了戎马生涯。东杀西砍,苦尽甜来,终于做了皇上。但他深知民间疾苦,懂得当今来之不易,在位时既廉洁,又勤政。《资治通鉴》说:"帝清简寡欲,严整有法度,被服居处,俭于布素,游宴甚稀,嫔御至少。"宫内外严禁,没有人敢奢侈。

公元 424 年，宋文帝刘义隆即位，他在位三十年，励精图治，国家生产经济有所恢复，遂有"元嘉之治"。

然而，文帝之后内讧不断，混战不止，帝王荒淫残暴，朝政腐败无能。六个先后登上帝位的刘氏子孙，在内讧、诛杀、腐败、投降诸方面可谓"各具特色"：刘劭弑父篡位、刘骏奸淫堂妹、前废帝耍叔、宋明帝杀侄、后废帝戏相、宋顺帝亡国。且看刘家的"败家子"们是怎样群魔乱舞、"各显其能"的吧：

文帝长子刘劭为早做皇帝，用"巫蛊"之法祈盼文帝早死。被文帝发现后，发动政变，杀死文帝，篡位称帝。

文帝三子刘骏自立为孝武帝，进京讨逆，杀死刘劭。

刘骏荒淫无度，不分亲疏尊卑，直至奸淫堂妹。他怕宗室干涉自己吃喝玩乐，不惜骨肉相残。先杀了其叔刘义宣，接着其弟刘诞、刘浑、刘铄、刘休茂等先后被杀害。464 年刘骏病死，其长子刘子业继位是为前废帝。

前废帝更是胡作非为，动辄杀人。其叔刘义恭，弟弟刘子鸾、刘子师，大臣名将沈庆之、柳元景、孔录符均被他杀戮。刘子业的残杀政策弄得百官臣民人人自危，个个怨恨。他为避免找茬，企图除掉叔父湘东王刘彧（yù）。刘彧身体肥壮，前废帝称他为猪王，把他的衣服脱光，扔进水坑中。另用木槽盛饭，拌以杂菜，命他像猪一样地吃食。刘彧口出怨言，前废帝命令左右绑住他的手脚，抬进厨房去，要把他杀死。经劝说前废帝才答应缓期执行。465 年十一月刘彧派人将前废帝杀死，自称宋明帝。

刘彧杀侄称帝不久，又杀掉了反叛的侄子刘子勋、刘子琐。将文帝的其余 12 个儿子也无端杀了，甚至连救过他命的哥哥刘休仁也不放过。宋家刘氏遭此惨劫后，宗族势力迅速衰败，刘宋王朝加速腐败、衰亡。

472 年四月，宋明帝病死，太子刘昱继位为后废帝。刘昱生性残忍，一天不杀人就感到不自在。有一年夏天，刘昱暗暗闯入领军府，看见祖胸露腹熟睡的将军萧道成脐孔很大，竟要用他的脐孔当靶心练习箭法。卫护队长王天恩忙在一旁劝说道："萧将军腹部硕大，实在是一个好靶子，但是，今天一箭将他射死，日后就没有这么好的靶子了。不如用假箭练习，免得损伤靶子。"刘昱这才改用假箭射了萧道成一番。早已掌握刘宋军政实权的萧道成因而准备发动政变，杀死刘昱。477年七月七日夜间，刘昱去青圆尼寺游玩后，杀了偷来的一条狗，边吃狗肉边喝酒，直到酩酊大醉才回仁寿殿。上床时他还说："今晚是织女渡河，你们等着，见了织女就来报告我。误了大事，我明天杀你们狗头，挖你们肝肺！"半夜，萧道成派人砍下了他的头。后废帝刘昱被杀后，萧道成等不愿落个杀君篡权的名声，为掩人耳目，于七月十一日拥立刘昱的弟弟安成王刘准为帝，这便是刘宋最后一个皇帝宋顺帝。后来萧道成逼刘准退位，宋王朝灭亡。此乃《齐纪》开篇之内容。

八、《齐纪》

《资治通鉴》第一百三十五卷至第一百四十四卷为《齐纪》一至十卷。记载了从高帝建元元年至和帝中兴元年（479年—501年）南北朝时期南齐历史。南齐为萧道成所建，也称萧齐。

黄金与土同价

479年萧道成受禅即位，建立南齐，为齐高帝。齐高帝崇尚节俭，反对奢靡，并以身作则，将宫殿、御用仪仗等凡用金、铜制作的器具全部用铁器替代，衣服上的玉佩、挂饰等统统取消。高帝萧道成在位时经常挂在嘴边的一句话是"使我治天下十年，当使黄金与土同价"，齐高帝任用寒人掌权要，推行检籍法，严令整顿户籍，提倡节俭，减轻人民负担，与北方通好，维护边境安定。临终前，他嘱咐太子萧赜：要警惕晋朝及刘宋皇室手足相残的教训，在治理国家，爱护同室兄弟方面要做好，国家政治稳定，经济就会复苏。高帝在位四年后去世，太子萧赜继位，是为世祖武皇帝。

南齐短命之因

南齐（479年—502年）是中国南北朝时期南朝的第二个朝代，也是南朝四个朝代中存在时间最短的一个，只存在了二十三年。

498年齐明帝萧鸾去世，太子萧宝卷即帝位（死后被降为东昏侯）。萧宝卷被认为是中国历史上最为昏庸荒淫的皇帝之一。他性格讷涩，很少说话，不喜欢跟大臣接触，常常出宫闲逛，每次出游都一定要拆毁民居、驱逐居民。南朝皇帝多奢侈腐靡，萧宝卷尤甚。后宫失火被焚，就新造仙华、神仙、玉寿三座豪华宫殿，又剥取庄严寿的五九子铃装饰殿外，凿金为莲花，贴放于地，令宠妃潘氏行走其上，就是"步步生莲花"。他还特别喜欢干屠夫商贩之类的事情。曾在宫苑之中设立市场，让太监杀猪宰羊，宫女沽酒卖肉。潘妃充当市令，自己担任潘妃的副手，遇有急执，即交付潘妃裁决。

由于萧宝卷的昏暴，导致始安王萧遥光、太尉王敬则与将军崔景慧先后起兵叛乱，但都兵败被杀。萧宝卷平定叛乱后认为自己有天命，更加昏暴，除了与潘玉奴、宦官梅虫儿等人日夜玩乐之外，还派人毒杀平定叛乱最力的雍州刺史萧懿，结果导致萧懿之弟萧衍发兵进攻建康，并且改立南康王萧宝融于江陵称齐和帝；萧宝卷在萧衍发兵进攻建康的动乱中被杀。之后萧宝卷被废为涪陵王，萧衍将其降为东昏侯。萧衍于次年三月迫和帝萧宝融退位；四月，萧衍在建康即皇帝位，改国号为梁，即梁武帝。旋杀萧宝融于姑熟，南齐灭亡。

内讧不断，"换班"频繁，帝王昏庸，是南齐短命的主要原因。萧齐存在只有二十三年，竟然经历了七个皇帝。只有萧道成、萧赜父子有所作为。郁林王萧昭业、东昏侯萧宝卷都是荒淫昏庸之辈，海陵王萧昭文、和帝萧宝融则名为皇帝、实为傀儡。而明帝萧鸾过于残暴，又将天下交给了昏庸无能的傻小子萧宝卷，导致萧齐走向灭亡。

注重绩效　改革兴国

鲜卑族拓跋部，原来居住于今黑龙江、嫩江流域大兴安岭附近，过着游牧生活。经过几代人的努力，逐渐强大起来。建立了北朝时代的第一个王朝——北魏。439 年统一北方，结束了长达一百五十年的中原混战，南北朝对峙局面正式形成。

北魏统一北方后，进行了许多政治、经济和文化上的改革，最重要的是实行均田制和改革鲜卑旧俗、实行汉化政策。改革对社会经济发展和民族融合起到了积极的推动作用。这也是北魏逐步兴盛强大、较长时间称霸北方的一个重要原因。

值得一提的是，北魏十分重视整顿吏治，实行了行之有效的"绩效考核"。《资治通鉴》一百三十九卷记述了北魏绩效考核的具体办法：

经过三年考核绩效，决定升迁贬黜；绩效优劣分为上中下三等，其中上下等各分为三级；六品以下，由尚书省进行责问，五品以上，皇帝和公卿品评好坏；最优等的升迁，最劣等的贬黜，中等的笃守原来的职务。

可见"绩效考核"并非共产党的发明专利，先人早在 1600 年前就已经实施了。北魏在绩效考核中是否也有走过场的现象，未见记载，不得而知。现代的绩效考核形式化倾向倒是值得注意啊！

北魏的科技文化事业

北魏时期，科学文化取得了新的成就。北魏末年贾思勰所著《齐民要术》，是中国现存最古、最完整的农书。北魏还出现了一位伟大的地理学家、散文家——郦道元，他以《水经》为纲，写成地理名著《水经注》。文学方面，北朝民歌充分体现了北方民族大融合的特征，风格刚健，语言质朴，感情真挚。《敕勒歌》《折杨柳歌》《木兰诗》等就是当时民歌的代表。杨炫之的《洛阳伽蓝记》，既是一部地理名著，又是一部文学作品，同时又是一部佛教著述，提共了北魏迁都洛阳 40 年间的佛教史料。《水经注》从文学角度看，也不愧为一本文字优美的游记。北魏雕塑艺术，集中表现在当时的石窟寺中。它继承了秦汉以来中国的艺术传统，也受到国外特别是古代印度艺术的影响。摩崖石窟分布很广，西起今甘肃，东至今辽宁，保存至今的著名的有大同云冈石窟，河南洛阳龙门石窟，甘肃敦煌石窟，以及甘肃天水的麦积山石窟、永靖的炳灵寺石窟，山西太原的天龙山万佛洞，河南巩义的石窟寺等。在这些石窟寺中有古代艺术工匠所塑造出来的数以万计的佛像，代表了当时中国雕塑艺术的最高水平，是驰名世界的艺术宝库。

摩崖石窟的书体为魏碑。魏碑，是南北朝时期北朝的碑碣、摩崖、造像、墓志铭等石刻文字的总称，其中尤以北魏的书法水平为高，风格多样，朴拙险峻，舒畅流丽。魏碑是楷书的一种，魏楷和晋朝楷书、唐朝楷书并称三大楷书字体。魏碑表现出由隶书向典型的楷书发展过程中的一些过渡因素。也就是说，北魏书法是一种承前启后、继往开来的过渡性书法体系，对当时的隋和唐楷书体的形成产生了巨大影响。历代的书法家在创新变革中也多从其中汲取有益的精髓。至今书法界不少人仍然在临写魏碑。小有名气的南宫碑笔体也属魏碑。

北魏科学技术的进步和文化事业的繁荣，说明政治清明，经济富裕，才能思想解放，言论自由，百花齐放，百家争鸣，才有科技和文化事业的大发展。

九、《梁纪》

《资治通鉴》第一百四十五卷至第一百六十六卷为《梁纪》，记载了从武帝天监元年至太平元年（502年—556年）54年间，中国南北朝梁朝从建立到衰亡的主要历史事件。

公元502年，齐和帝被迫"禅位"于同族梁王萧衍，南梁建立。南朝梁是南北朝时期南朝的第三个朝代，也是南朝经济文化最盛的时期。南梁后期国势败坏，557年被陈霸先建立的南陈所替代。共历四帝，五十五年。

梁武帝之悲哀

梁武帝萧衍（464年—549年），南梁政权的建立者。萧衍在位时间达四十八年，在南朝的皇帝中列第一位。在位颇有政绩，史学界公认南朝经济文化最盛的时期就是梁朝。这与梁朝初期萧衍勤政、廉洁、会用人及本人的文化素质是分不开的。

司马光在《资治通鉴》第一百五十九卷中评价说："皇上为人孝顺、慈爱、恭敬、勤俭、博学又能行文、阴阳、骑射、声律、草隶、围棋等无不精通。"又能勤于政务，每天四更起床，批改公文奏章，冬天手都冻裂了；萧衍从来不讲究吃穿，"一冠三年，一被二年"，每天只吃一顿饭，长年不吃鱼肉，只吃青菜、菜汤和粗糙的米饭。太忙的时候，"就以水漱口代替食物来度日"；萧衍很重视对官吏的选拔任用，经常亲自召见、训导地方长官，要求他们一定要遵守为国为民之道，清正廉明。并诏令全国：小县令政绩突出，可以升迁到大县里做县令。大县令有政绩就提拔到郡做太守。政令执行起来后，梁的吏治状况得到显著改善。"皇上敦厚崇尚温文儒雅""仁慈"，在国内实行一种温和的政策，以发展经济为重点，在发展经济的同时也重视文化的发展。梁朝文化事业在南朝成就也是最高的。

当萧梁的统治已经稳固，国力开始呈上升势头之后，萧衍却迷上了佛教，三番五次地去寺院当和尚，最终成为一个极为虔诚的佛教徒。他还极力营造佛教气氛，搞得全国乌烟瘴气。加之过于"仁慈"，治国过于宽疏，导致政治上的腐败、军事上的无能，北齐趁乱夺取了萧梁的江北大片土地，西魏也趁乱夺取了萧梁的巴蜀及荆襄等地。使得梁朝的国土在短短的几年之内就丢掉了三分之二，只有长江下游一带还在梁的控制范围之内。

550 年，梁武帝萧衍在侯景乱兵攻入皇宫后，一个人孤零零地躲在净居殿内，看着他一手创建的大梁王朝就这样被异族分割的七零八乱，眼见大梁江山要不可避免的走向灭亡了。最后，萧衍活活饿死在净居殿中，时年八十六岁。

痴迷佛教，使萧衍的政治生涯从顶峰跌入深渊，昔日辉煌不再，取而代之的是萧梁政权的摇摇欲坠、朝不保夕。悲哀呀，梁武帝！萧衍的悲哀给后人带来的教训——信仰决定成败，难道不值得汲取吗？

十、《陈纪》

《资治通鉴》第一百六十七卷至第一百七十六卷为《陈纪》，计十卷。记述了从陈武帝永定元年至祯明二年（557年—588年）南陈年间的史事。这期间，同时还存在建于550年的北齐和建于557年的北周。《陈纪》也同时记述了北周的发展、演变和衰亡。其中，第九、十两卷记述北周随国公杨坚以隋代周的过程。

玉树后庭花

南陈后主陈叔宝穷奢极欲，沉湎声色，是一个典型的昏君，也是南朝亡国的最后一个皇帝。但这个不称职的皇帝在辞赋上却有很高的造诣，创作出了很多辞情并茂的好作品，《玉树后庭花》就是其中一首。

"后庭花"，花名。此花生长在江南，因多是在庭院中栽培，故称"后庭花"。后庭花花朵有红白两色，其中开白花的盛开时树冠如玉一样美丽，故又有"玉树后庭花"之称。《玉树后庭花》是乐府民歌中一种情歌的曲子，陈叔宝填上了新词："丽宇芳林对高阁，新妆艳质本倾城。映户凝娇乍不进，出帷含态笑相迎。妖姬脸似花含露，玉树流光照后庭。花开花落不长久，落红满地归寂中。"陈灭亡的时候，陈后主正在宫中与爱姬张丽华玩乐。南陈灭亡的过程也正是此诗在宫中盛行的过程。

《资治通鉴》第一百七十六卷对陈叔宝"高超"的玩乐方式做了较为详细的描述：584年，陈后主在光昭殿前建筑"临春""结绮""望仙"三阁，阁高各十丈，其窗牖栏槛，都以沉香檀木来做，又装饰金玉，杂嵌珠翠，外悬珠帘，内设宝床，一切服饰赏玩中物，尽是瑰奇珍丽，为近世所未曾有过。阁下假山水池、奇花异草，极备点缀渲染之能事。陈后主自居临春阁，张丽华住结绮阁，龚孔二贵嫔同住望仙阁。三阁都有凌空衔接的复道，陈后主往来于三阁之中，左右逢源，得其所哉！妃嫔们或临窗靓装，或倚栏小立，风吹袂起，飘飘焉若神仙。此外陈后主更把中书令江总，以及陈暄、孔范、王瑗等一班文学大臣一齐召进宫来，饮酒赋诗，征歌逐色，自夕达旦。所有军国政事，皆置不问。

隋军南下、拟灭陈朝，陈叔宝仍自恃长江天险，不以为然。及隋军深入，州郡相继告急，后主叔宝依旧与歌妓纵酒，赋诗如故，组织千余歌妓高歌《玉树后庭花》。隋军打进皇宫，从后花园中的一口枯井里捞出陈叔宝，这时他和张丽华、孔贵嫔三人，紧紧地抱在一起坐在箩筐中。陈后主被俘，陈朝灭亡。《玉树后庭花》遂被称为"亡国之音"。

历史上过度沉迷酒色的皇帝，没有不国破身亡的！

十一、"南北朝纪"

南北朝，是东晋之后中国南北方同时存在的封建王朝。南方相继存在的宋、齐、梁、陈四个朝代称为南朝，北朝则指北魏、北齐、北周。过去对南北朝的历史了解不多，在读完《陈纪》——《资治通鉴》关于南北朝最后一篇文章后，回过头来对南北朝的总体情况梳理如下：

《资治通鉴》一百一十六至一百三十四卷为《宋纪》，共十六卷，记述南朝宋（420年—479年）59年的主要史事。

公元420年，宋武帝刘裕取代东晋政权而建立新朝。改国号宋（俗称"刘宋"），定都建康（南京）。刘裕死后，长子刘义符即位为宋少帝，两年后，刘义符被杀，刘裕三子刘义隆即位为宋文帝。他在位三十年，励精图治，国家生产经济终于有所恢复，遂有"元嘉之治"。公元453年，其长子刘劭杀父篡位，之后王室诸子争位，混战不止。帝王荒淫残暴，朝政日益腐败，国家实力从此一蹶不振。公元479年，宋顺帝刘准把帝位禅让给了萧道成，南朝宋终被南齐所取代。

南齐是南北朝时期南朝的第二个朝代，也是南朝四个朝代中存在时间最短的一个，仅有二十三年，为萧道成所建，也称萧齐。《资治通鉴》第一百三十五卷至第一百四十四卷为《齐纪》，记述了南齐短暂的历史。479年齐高帝萧道成篡位建立南齐后，崇尚节俭，反对奢靡，并以身作则；严令整顿户籍，减轻人民负担；与北方通好，维护边境安定。国家政治稳定，经济开始复苏。高帝在位四年后去世，太子萧赜继位，是为世祖武皇帝。萧赜即位后，按照父训，革除暴政，减少内耗，关心百姓，发展经济。思想文化领域也比较活跃。此时佛学兴盛，而否认佛学的思想与之针锋相对。范缜的《神灭论》就写于这个时期。493年武帝逝世。

因太子此前已经去世，西昌侯拥立太孙萧昭业即位，打破了王融等大臣立竟陵王萧子良为帝的计划。萧昭业即位后逼王融狱中自杀。萧齐混乱于此开始。502 年，萧衍迫和帝退位，在建康即皇帝位，改国号为梁，即梁武帝。南齐灭亡。

《资治通鉴》第一百四十五卷至第一百六十六卷为《梁纪》。南朝梁是南北朝时期南朝的第三个朝代，也是南朝经济文化最盛的时期。南梁后期国势败坏，557 年被陈霸先建立的南陈所替代。共历四帝，五十五年。梁武帝在位四十八年，颇有政绩。晚年爆发"侯景之乱"，都城陷落，被侯景囚禁，饿死于台城，享年八十六岁。"侯景之乱"使南梁元气大伤。江州刺史王僧辩、始兴太守陈霸先合兵打败侯景，陈霸先控制了南梁。557 年，梁敬帝萧方智禅位于陈霸先，梁灭亡。

《资治通鉴》第一百六十七卷至第一百七十六卷为《陈纪》，计十卷。陈霸先所创建南陈（557 年—589 年）是南北朝时期南朝的最后一个朝代，都建康，仅控制江陵以东、长江以南的狭小地区。 陈朝建立时已经出现南朝转弱，北朝转强的局面。陈朝刚建立时面临北方政权的入侵，形势十分危机。陈朝开国皇帝陈霸先带领军队一举击败敌军，形势有所好转。亡国之君为陈后主陈叔宝，陈最后被隋文帝所灭。历五帝，共三十三年。

《资治通鉴》以正统的汉族政权为线索，没有为北方同时存在的北魏、北齐、北周设"纪"，但对北朝的发展、沿革和衰亡也有所记载。根据《资治通鉴》和有关资料，将北魏、北齐、北周的历史沿革和重大历史事件整理如下：

北魏（386 年—557 年）是北朝时代位于今日华北地区的第一个王朝，鲜卑拓跋氏建立，建都平城（今山西省大同市）。439 年，统一北方。493 年起迁都洛阳，皇帝改姓元。拓跋珪进入中原后，奖励农业生产，其奴隶主贵族也逐渐汉化转化为封建地主。拓跋珪招纳汉族大地主参加统治集团，加快了鲜卑拓跋部的汉化进程。拓跋珪死后，其子拓跋嗣（北魏明元帝）、孙北魏太武帝拓跋焘承其前业，擢用汉族大地主担任官职，形成了拓跋贵族与汉人世家豪族的联合封建政权，国势大盛。拓跋嗣死后，16 岁的拓跋焘即位，先后 13 次出兵柔然，征服了漠北一带，柔然臣服。427 年，用 3 万骑兵攻破了坚不可摧的统万城，从此北魏统一北方的形势已经不可逆转。接着先后灭夏，平山胡，西逐吐谷浑。又于 436 年灭北燕，439 年灭北凉，使北方长期的分裂割据局面复归于统一，结束了长达一百五十年的中原混战，南北朝对峙局面正式形成。随着生产的发展和鲜卑贵族汉化的加深，北魏统治者日趋腐化，吏治逐步败坏，内乱不止。534 年，北魏分裂成由高欢控制的东魏和宇文泰掌握的西魏。东魏武定八年（550 年），高洋废孝静帝，建立北齐。西魏于恭帝三年被权臣宇文护逼迫禅位于其侄宇文觉，北魏灭亡。

北齐（550 年—577 年），是中国南北朝时的北方王朝之一。550 年（庚午年五月戊午日），由文宣帝高洋取代东魏建立，国号齐，建都邺，历经文宣帝高洋、废帝高殷、孝昭帝高演、武成帝高湛、后主高纬、幼主高恒，共六帝。577 年被宿敌北周消灭，享国二十八年。

北周，北朝之一。西魏权臣宇文泰奠定，由其子宇文觉正式建立。历五帝，共二十四年（557 年—581 年）。实际掌握西魏政权的宇文泰死后，长子宇文觉继任大冢宰，自称周公。次年废西魏恭帝自立为孝闵帝，国号周，都长安。孝闵帝年幼，大权掌握在堂兄宇文护手中。九月，宇文护杀孝闵帝，立宇文毓为帝（明帝）。560 年，宇文护又毒死明帝，立宇文邕为北周武帝。572 年，周武帝杀宇文护，亲掌朝政，进行了多方面的改革。577 年，北周灭北齐，统一北方。公元 581 年，杨坚受禅代周为隋，北周亡。

十二、《隋纪》

《资治通鉴》第一百七十七卷至第一百八十四卷为《隋纪》共八卷。记述了 592 年至 617 年从隋朝灭陈统一中国，历经文帝、炀帝到恭帝衰亡的历史。

众说不一话隋朝

隋朝是个短命的朝代，后人评价众说不一。有的资料说："隋朝是中国历史之中最伟大的朝代之一，结束了中国自魏晋南北朝以来的长期分裂局面。""隋文帝总结历朝兴亡的原因，注重维护与农民的关系，并调和统治集团内部的关系，使社会矛盾趋于缓和，经济、文化得以迅速成长和繁华，开创出开皇之治。"

而《资治通鉴》中的《隋纪》，对隋朝和隋文帝的评价没有那么高，对隋文帝杨坚的功绩记述不多，也没有"开皇之治"的提法。但也承认隋文帝是个明君。司马光的评价是：严肃谨慎、令行禁止；亲临朝政，不知疲倦；吝惜钱财，赏赐慷慨；鼓励农耕，减徭薄税；节俭朴素，国富人增。但疑心很重，苛求细查；听信谗邪，功臣难终。甚至自己子弟，如同仇敌。

隋炀帝杨广是中国历史上名声最差的皇帝之一。但《隋纪》认为隋炀帝杨广是个毁誉参半的皇帝。604 年杨坚去世，杨广即位。不少人把杨广说得一无是处，实际上并非如此。根据《资治通鉴》的记载，我总结列举了杨广治国的"五大功劳""三大罪状""两个结果"。"五大功劳"：（1）修建大运河。（2）修建东都洛阳、江都。（3）修筑长城。（4）政治改革。颁布《大业律》，开创科举制（记述文字不多），修编典籍，改革文风等。（5）安抚突厥，开发西域。"三大罪状"：（1）巡游江都、榆林等地，寻欢作乐，劳民伤财。（2）东征西讨。讨伐吐谷浑、三征高句丽，国库亏空。（3）滥杀大臣。劝谏逆耳者杀，怀疑不忠者杀，众叛亲离。"两个结果"：（1）官逼民反，先后爆发窦建德、翟让李密、刘文进等起义。（2）贵族兵变，隋朝即将灭亡（宇文化及杀死杨广，隋朝灭亡的记载在《唐纪》中）。

隋朝在炀帝在位 14 年的前期发展到极盛。然而隋炀帝过度消耗国力，其中以三次东征高句丽耗费最剧。导致隋末民变和贵族叛变，最终亡国。

随着人们对历史背景的深入了解，对隋朝及杨坚、杨广的评价必将越来越公正！

十三、《唐纪》

《资治通鉴》第一百八十五卷至第二百六十六卷为《唐纪》。唐朝在文化、政治、经济、外交等方面都有辉煌的成就，是当时世界上最强大的国家。《唐纪》共八十一卷，记述了唐朝289年间的主要史事，在《资治通鉴》中卷数最多、文字最长、内容最丰富。

江都兵变　李渊登基

618年，宇文化及杀死在江都玩乐的隋炀帝，杨侑为傀儡恭帝；不久，恭帝退位，李渊在长安即位，建立唐朝。

唐朝建立之初，东都王世充等拥越王杨侗为帝、萧铣在江陵就任后梁皇帝，皆被李渊平定。农民起义领袖，如李密、窦建德、刘黑闼等相继被杀。大唐政局逐步稳定下来。后经"贞观之治"，唐朝很快强大起来。到其鼎盛时期的公元7世纪时，中亚的沙漠地带也受其支配。在690年，武则天改国号"唐"为"周"，迁都洛阳，史称武周。705年唐中宗李显恢复大唐，还都长安。唐朝在天宝十四年（755年）安史之乱后日渐衰落，至天佑四年（907年）梁王朱温篡位灭亡。

李世民和贞观之治

唐太宗李世民（599年—649年），唐朝第二位皇帝，中国历史上最出名的政治家与明君之一，是唐高祖李渊与窦皇后的次子。614年娶妻长孙氏，即后来的长孙皇后。唐朝建立以后，为统一全国，先后进行了六次大的战役。这六个战役李世民就指挥了四个，全部取得了胜利，为唐朝立下了赫赫战功（见《唐纪》一至八卷）。

随着唐朝政局的稳定，李氏皇子争位斗争愈演愈烈。太子建成和齐王元吉，多次谋害世民未果。武德九年（626 年）六月初四，秦王李世民发动玄武门之变，杀了建成和元吉。三天后，秦王李世民当上太子。不久李渊退位，李世民登基，是为唐太宗。李世民即位 6 年后，消灭各地割据势力，虚心纳谏、厉行节约、使百姓休养生息，开创了历史上的"贞观之治"，出现了国泰民安的局面。

"贞观之治"涵盖的内容可以概括为以下几个方面：

第一，安人宁国、删削繁苛。李世民注意处理好与老百姓的关系。他引古人的话说："舟所以比人君，水所以比黎庶。水能载舟，亦能覆舟。""国以民为本"，民心向背乃是国家存亡的关键。为了做到"安人宁国"，尽量减轻人民的徭役和赋税的负担。他说："治国犹如栽树，本根不摇，则枝叶茂荣。君能清净，百姓何得不安乐乎！""徭役不兴，年谷丰稔"，百姓才能安乐，国家才有安宁的基础。主要措施：厉行节约、限制奢侈，停止诸方进贡珍贵异品，限制营造宫室，破除厚葬的陈规旧俗，葬制一律从简，如有违反，依法问罪。与此同时，采取一些相应的"恤民"措施。

第二，为官择人、唯才是用。他强调"为政之要，惟在得人，用非其才，必难致治。今所任用，必须以德行、学识为本。"贞观时期的文武大臣，既有早年追随他的秦府幕僚房玄龄、杜如晦、长孙无忌等，也有他的政敌李建成的旧部魏征、韦挺等；既有原属各个武装集团的人物岑文本、戴胄、张玄素等，也有农民出身的将领秦叔宝、程知节等；既有出身贵族的李靖等，也有出身寒微的尉迟敬德、张亮、马周、刘洎等；此外，还有出身少数民族的可力、阿史那社尔等。李世民对他们不讲门户，不分亲疏，不避仇嫌，不论前后，任人唯贤，只要确有才能，忠诚于唐，就委以重任。李世民丕规定，凡是县令都要五品以上的中央官吏保举，而各州刺史则由皇帝亲自选拔任命。

　　第三，广开言路、兼听纳谏。李世民重视"纳谏""纳贤"是历代皇帝所不及的。他非常赞同魏征"兼听则明，偏听则暗"的意见，懂得"明主思短而益善，暗主护短而永愚"的道理。他说："人欲自照，必须明镜；主欲知过，必藉忠臣。主若自贤，臣不匡正，欲不危败，岂可得乎？""人君必须忠臣辅弼，乃得身安国宁。"李世民以隋炀帝拒谏为戒，特别强调要求臣僚直言进谏。李世民在贞观前期基本上能够言行一致。在他的倡导下，贞观前期进谏和纳谏蔚然成风。在纳贤和纳谏方面，李世民同魏征的关系堪称典型。魏征原是李建成的部下，曾建议李建成早除秦王李世民。玄武门之变后，李世民召见魏征，责问他："汝何为离间我兄弟？"魏征面无惧色，举止自若，回答说："先太子早从征言，必无今日之祸。"李世民并未发怒治罪，而让他当了詹事主簿。

　　魏征喜逢知己之主，"竭其力用"。魏征谏奏二百余事，都被李世民所采纳。魏征死后，李世民"亲临恸哭"，并对侍臣说："夫以铜为镜，可以正衣冠；以古为镜，可以知兴替；以人为镜，可以明得失。朕常保此三镜，以防己过。今魏征殂逝，遂亡一镜矣！"

　　第四，重视法律、坚持实施。立法力求宽简。他说："国家法令，惟须简约，不可一罪作数种条。格式既多，官人不能尽记，更生奸诈"。强调法律一旦制定之后，要力求稳定。立法或修改法律，应持慎重态度，不能朝令夕改，轻易变更法度。在这个思想指导下，重新修订了《武德律》，颁布了《贞观律》，还编制和删定大量令、格、式作为律的补充。

　　第五，经济强国、以人为本。从"国以民为本"的思想出发，在推行均田制的同时，采取了"以农为本""与民休息""轻徭薄赋"的政策。为了发展生产，修复和新建了一些水利工程。所有这些，都对当时社会经济迅速恢复和发展起到了积极作用。此外，在军事、外交、民族关系，特别是文化建设方面都有很多建树，唐朝为当时世界上众目所瞩、人心所向的强大帝国。

当然，李世民是封建帝王，不可避免地有他的局限和缺陷，本文不是全面评价李世民，只是根据《唐纪》和有关资料整理、记述可资后世借鉴的"贞观之治"。

李世民的"治国之道"

《唐纪》第八卷的后半部分主要记述李世民与大臣谈论治国之道。概括起来有以下几点：

（1）文治思想。"平乱用武，守成用文"。

（2）用人原则。"朕以天下为家，唯才是用"。

（3）为政公正。"为政没有比公正更重要的"。

（4）君臣关系。"君主是泉源，臣子是水流"，源浊水不清。

（5）信仰尧舜。君主失道则国亡。

高！李世民的治国之道，实在是高！他的治国理念、用人原则等，一直得到后人的推崇和效仿。

切莫"割肉充腹"

《资治通鉴》第一百九十二卷记述了李世民在谈到"君、国、民"关系时说的一段话：

"君依于国，国依于民。刻民以俸君，犹割肉以充腹，腹饱而身毙，君富而国亡。故人君之患，不自外来，常有身出。夫欲盛则费广，费广则赋重，赋重则民愁，民愁则国危，国危则君丧矣。朕常以此思之，故不敢纵欲也。"

"割肉充腹"的恶果是身毙、国亡，"欲盛费广"的结果是国危、君丧。封建帝王李世民尚且不敢纵欲，共产党的领导干部更应警惕呀！

太宗教子

唐太宗李世民向侍臣谈如何教育太子：

朕自立太子，遇物则诲之，见其饭，则曰："汝知稼穑（种植收割）之艰难，则常有斯饭矣。"见其乘马则曰："汝知其劳逸，不竭其力，则常得乘之矣。"见其乘舟，则曰："水所以载舟，亦所以覆舟，民犹水也，君舟也。"见其息于木下，则曰："木从绳则正，后从谏则圣"。（见《唐纪》十三）

现代人尤其是共产党的领导干部都能这样做吗？

好人李治　无为而治

唐高宗李治是唐朝第三任皇帝，李世民九子，其母为长孙皇后。贞观二十三年（649 年）即位，弘道元年（683 年）驾崩，享年 56 岁。

李治本人慈祥、低调、俭朴，不喜兴土木，不信方士长生之术，不喜游猎，无大志，与四兄李泰争太子位时，也曾流泪哭泣。所以，有人认为唐高宗不是好皇帝，却是不折不扣的好人。

有人说李治在位碌碌无为。其实，他在位前期平定反乱、开拓疆土、纳谏爱民、发展经济，蛮有成色。唐高宗共在位三十四年，前六年（号永徽）继续执行太宗制订的各项政治经济制度，奉行不渝。训令纳谏、爱民、崇俭，关心百姓疾苦。故永徽年间，边陲安定（击败西突厥的进攻），百姓阜安（人口从贞观年间的不满 300 万户，增加到 380 万户），版图最大，有贞观之遗风，史称"永徽之治"。

李治晚年身体不支，有赖武则天掌控朝政，政局日趋混乱。

李治，"无为而治"？

李旦"三让天下"

李旦（662 年—716 年），唐睿宗，名旦，唐高宗第八子，武则天四子，唐中宗为其兄长。他一生两度登基，共在位 8 年。公元 712 年禅位于子李隆基（唐玄宗），称太上皇，居五年，崩，享年五十五。有人说他一生"两让天下"，实际上是"三让天下"：

一让母亲。684 年正月，武后废中宗为庐陵王，李旦即位为睿帝。690 年李旦把皇位让与母亲，武则天改唐为周，自称圣神皇帝，把李旦改作皇嗣并赐武姓。

二让皇兄。698 年三月，武则天将废黜为庐陵王的中宗从庐陵召回。睿宗上书武后，自己"数称病不朝，请让位于中宗"，以皇嗣身份让位皇兄为皇太子。705 年武则天退位，中宗作为皇太子得以再次即位。（有人未算此次李旦让位）

三让儿子。710 年六月睿宗重新登基。到延和元年（712 年）八月二十五日，在位 26 个月的睿宗再次让位，把皇位传给了太子李隆基，自称"太上皇帝"。

我们且不谈李旦让位原因，现在的领导干部必要时都能够主动让位吗？

武周代唐是篡权还是必然？

武则天是历史上最有争议的人物之一，司马光对她持否定态度。《资治通鉴》是这样讲述的：

贞观二十三年（649 年）四月，李世民因病去世，太子李治继位，是为唐高宗。在位期间，平定了房遗爱反叛、镇压了浙东陈硕真（女）起义，政权得到巩固。对外开拓疆土，消灭了西突厥、攻占平壤灭高句丽。大唐版图东起朝鲜半岛，西临咸海，北包贝加尔湖，南至越南横山。

李治还是太子的时候，就与身为太宗才人的武则天有染；太宗崩后，武则天出家，高宗又把她接回宫中为昭仪。最后王皇后、萧淑妃皆被武氏所害，武则天被册封为皇后。立武氏为皇后，长孙无忌被迫自缢，褚遂良被流放防爱州（今越南清化），死在那里。高宗因武后有主导政局的趋势，曾想废后，却被武后得知，协助高宗拟诏的上官仪遭灭门之灾。

683 年 12 月高宗去世，中宗（武则天三子）即位。684 年正月，废中宗为庐陵王，另立（四子）李旦为睿帝，全部政事都由武太后决断，唐宗室和众臣"愤怒哀伤"。先后有徐敬业、骆宾王等大臣和李贞、李冲诸王反叛对抗武则天，皆遭镇压而失败身亡。武则天利用来俊臣等酷吏，陷害怨恨她的人，杀害李氏宗亲数百人、大臣数百家，杀刺史、郎将以下"不计其数"。后来，来俊臣企图除掉武则天和李旦以夺权，事败，被处死。

686 年政事归还睿宗，太后垂帘听政；690 年武则天把唐改为周，自称圣神皇帝，把睿宗皇帝改作皇嗣并赐武姓；705 年太后传位三子李显，中宗再次即位。

与《资治通鉴》的观点不同，有人认为，武则天以周代唐，不应看成篡政，而是顺应了当时的时势，是历史的某种必然。武则天是中国历史上唯一一个正统的女皇帝，也是即位年龄最大的皇帝（67 岁即位），又是寿命最长的皇帝之一（终年82岁），更是很有作为的政治家。我倾向于这种观点。

明皇不明

唐玄宗（明皇）李隆基（685 年－762 年）是李旦第四子，712 年至756 年在位 44 年。

中宗复位后，韦皇后、上官婉儿和武三思左右朝政，毒死中宗。李隆基与太平公主一起废少帝、拥睿宗复位。睿宗推却，把帝位让给了李隆基。李隆基即位后毅然除掉太平公主，掌握了皇帝大权。

玄宗后期听信奸臣谗言，丞相张九龄被贬，李林甫专权。安禄山违反军令本该处死，唐明皇不仅赦免了安禄山，后来反得重用。李隆基迎寿王妃入宫，后加封为贵妃，十分得宠；杨国忠专权乱国，与安禄山结成仇敌；755年安禄山以讨伐杨国忠为名反叛。"安史之乱"爆发后，玄宗外逃至马嵬坡，部将把杨国忠杀死、杨贵妃被处死；756年玄宗继续西逃入蜀，太子在灵武即位，是为唐肃宗。762年玄宗、肃宗相继去世，代宗即位。经过郭子仪等唐朝将领的八年征讨，"安史之乱"被平定。

"安史之乱"使唐朝元气大伤。在其后虽有德宗、宪宗"武力削藩""会昌中兴"，但已无回天之力。藩镇割据、宦官专权、"牛李党争"，最后导致唐朝灭亡。

当今有的人把唐明皇吹得神乎其神。我认为不可否认唐玄宗的历史作用，唐玄宗前期重用贤臣，励精图治，社会经济继续发展。但在后期，他沉湎酒色，荒淫无度，重用奸臣，政治腐败，导致安史之乱，唐朝国势走向衰落。总体上说，唐明皇不是明君，他的过失是唐朝走向灭亡的起点，在某种意义上说，唐明皇是唐朝的罪人。

藩镇割据与晚唐削藩

《唐纪》二十七至三十八卷记载：唐朝天宝十四年（755年）十一月，身兼范阳、平卢、河东三镇节度使的安禄山趁唐朝内部空虚腐败，以"忧国之危"、奉密诏讨伐杨国忠为借口在范阳起兵。至十二月十三日攻占东都洛阳，第二年正月初一，安禄山在洛阳称大燕皇帝。唐玄宗逃离长安，至马嵬坡发生兵变，杀杨国忠父子和杨贵妃。后玄宗入蜀。太子自行登基，是为唐肃宗。郭子仪被封为朔方节度使，联合李光弼分兵进军河北，会师常山（河北正定），击败安禄山部将史思明，收复河北一带。后来，为抢夺"大燕"王位，安禄山被儿子安庆绪杀死；史思明759年杀死安庆绪，自称大燕皇帝；史朝义杀死其父史思明，即皇帝位；762年玄宗、肃宗相继去世，代宗即位。763年正月史朝义战败自杀。经过郭子仪等唐朝将领的八年征讨，"安史之乱"被平定。此后唐朝进入"藩镇割据"的局面。

藩镇：藩是保卫，镇指军镇。封建朝廷设置军镇，本为保卫自身安全，但发展结果往往形成对抗中央的割据势力。唐代"安史之乱"后出现了中央集权削弱、藩镇强大、互相争战的局面。当时节度使独揽一方军政财权，其职位由子弟或部将承袭，不受中央政令管辖。至9世纪初，全国藩镇达四十余个，他们互相攻伐，或联合对抗中央。此局面延续近两个世纪，至北宋初结束。后代史家把这种局面统名为"藩镇割据"。

唐朝中央政府屡图削弱藩镇，唐德宗、宪宗"削藩"就是其例。德宗即位后，对抗拒朝廷的河北节度使等"武力削藩"，遭到幽州节度使朱滔等人的不满。朱滔等"四镇"节度使同时称王，联合对抗朝廷。783年十月，平叛士兵哗变，德宗仓皇出逃到奉天（陕西乾县）。784年二月，朔方节度使李怀光反叛，德宗逃往陕西汉中避乱。李晟在五月打败叛军，七月德宗重返长安。虽然叛乱被平，但是，德宗在遭受挫折以后，对藩镇由强硬转为姑息、妥协，承认他们在当地的统治权。从此割据局面进一步深化。

元和元年宪宗刚即位，西川节度使刘辟就进行叛乱。宪宗派兵马前往讨伐，将刘辟俘虏斩首。之后，宪宗果断平定镇海节度使李锜谋反（见《唐纪》五十三）。接着，从814年到817年用了四年时间平定了淮南节度使吴元济叛乱（见《唐纪》五十五、五十六）。尔后平定支持吴元济的淄青节度使李师道，淄、青、江州地复为唐有（见《唐纪》五十七）。暂时恢复了唐朝的统一，但之后再次由宦官专权。唐朝一天不如一天，最终未能摆脱灭亡的命运。

会昌灭佛 是功是难

中国历史上曾有过"三武一宗"灭佛。即北魏太武帝灭佛、北周武帝灭佛、唐武宗灭佛和后周世宗灭佛事件的合称。唐武宗年号会昌，故唐武宗灭佛又称"会昌灭佛"，佛教则称之为"会昌法难"。

据《唐纪》六十四卷记载，从会昌二年开始的大规模灭佛，天下一共拆除寺庙4600余所，拆招提、兰若4万余所，僧尼26万余人还俗成为国家的两税户，没收寺院所拥有的膏腴上田数千万顷，没收奴婢为两税户15万人，另外还强制大秦穆护、祆3000余人还俗。武宗灭佛沉重打击了寺院经济，增加了政府的纳税人口，扩大了国家的经济来源。可以说，唐朝经济的中兴与灭佛运动有着直接的关系。

会昌灭佛是李德裕和唐武宗共同的杰作，李德裕一贯反对佛教的蠹政害民。早在长庆四年（824年）十二月，就极力反对滥度人口为僧尼。到了会昌年间，李德裕位居宰辅，备受武宗亲重，因此，君臣协力，大力禁断佛教。

武宗灭佛的主要原因是当时佛教的势力非常强大，唐武宗在他的旨意中说，佛教寺院的规模比皇宫还要大，寺院不纳税，对国家财务是一个重大损失。同时僧人过多亦会影响生产活动，造成田荒民饥等后果，影响国家稳定。另一可能是唐武宗本人更加信奉道教，因此打击佛教。

当今社会提倡宗教自由。我觉得佛教在中国的迅速恢复和发展，不是什么坏事。但有些党员干部也开始信佛，甚至成了佛教的骨干。这不是社会进步的表现，而是"信仰危机"的反映。好多很多年前因战乱等原因早已毁弃的寺庙，被重新修建起来。有的"大款"或"知名人士"投巨资修建庙宇，与唐武宗"圣旨"中所说的"佛教寺院的规模比皇宫还要大"没什么两样。难道这不应该引起我们的深思吗？

牛李党争　促唐灭亡

　　记得毛泽东同志曾经说过："党外有党，党内有派，历来如此。"读了《资治通鉴》更感到确实如此。《唐纪》中记载的一千多年前晚唐统治集团内部争权夺利的"朋党之争"——"牛李党争"就是例证。

　　"牛党"是指以牛僧孺、李宗闵为首的官僚集团；"李党"是指以李德裕为首的官僚集团。牛党大多是科举出身，属于庶族地主，门第卑微，靠寒窗苦读考取进士，获得官职。李党大多出身于世家大族，门第显赫，他们往往依靠父祖的高官地位而进入官场，称为"门荫"出身。

　　"牛李党争"在政治上有着深刻的分歧，焦点主要有两个：一是通过什么途径来选拔官僚。牛党多科举出身，主张通过科举取士；李党多门荫出身，主张门荫入仕。二是如何对待藩镇。李党主张对不听朝廷命令的藩镇用兵，以加强唐朝中央的地位；牛党则主张姑息迁就。

　　"牛李党争"除了政治上的分歧外，还牵扯进个人的恩怨。牛僧孺、李宗闵因评论时政，得罪了宰相李吉甫，曾遭到贬斥，而李德裕是李吉甫的儿子，因此双方结怨甚深，一旦大权在握，就排挤打击对方。唐穆宗长庆年间（821年—824年），牛僧孺做宰相时，就把李德裕排挤出朝廷。李德裕任四川节度使时，接受吐蕃将领的投降，收复了重镇维州。牛僧孺却意气用事，强令把降将和城池交还吐蕃。而唐武宗时（841年—846年），李德裕做宰相，又把牛僧孺、李宗闵放逐到南方。唐武宗死后，宣宗即位，牛党成员白敏中任宰相，牛党又纷纷被重新启用，李党全遭罢斥。李德裕被赶到遥远的崖州，不久忧郁而死。

　　党派斗争历朝历代都存在，是不可避免的。但从某个角度讲，它对于政权的巩固、社会的发展是有害的（现在有人说党派斗争是"民主"的表现，是有益的）。晚唐的"牛李党争"历时四十多年，严重影响了唐朝政局的稳定，加深了唐朝后期的统治危机，也敲响了唐朝灭亡的丧钟。

傀儡昏王 亡国之君

《唐纪》六十六至八十一卷向我们讲述了唐末几个亡国之帝是如何把唐朝引向灭亡的：

唐懿宗（833 年—873 年），唐朝倒数第四个皇帝，也是著名的无能昏君。（1）沉湎游乐。"皇上游嬉荒宴而没有节制"，宫中供养的乐工有500 人之多；懿宗每次出行，宫廷内外的扈从多达十余万人，费用开支之大难以计算，这成为国家财政的一项沉重负担。（2）任相不明。懿宗在位期间，一共任用了 21 位宰相，大多数宰相不是碌碌无为者，就是爱财如命、为人不堪之辈。（3）崇佞佛教。他沉溺佛教，广建佛寺，大造佛像，布施钱财无数。在懿宗倡导下，大规模的法会道场空前兴盛。由于懿宗的昏庸无能，朝政异常混乱。加上浙东等地的"贼寇"和"南蛮"侵扰，唐朝已是朝不保夕了！咸通十四年（873 年）七月十九日，41 岁的懿宗去世，12 岁的太子即立，是为唐僖宗。

唐僖宗李儇（862 年—888 年），唐懿宗的第五子，自幼就由宦官田令孜照顾起居，即位后便任命他做了神策军中尉。这样，僖宗朝的重大决策几乎都掌控在田令孜手中了。他昏庸无能，但喜欢斗鸡、赌鹅，喜欢骑射、剑槊、法算、音乐、围棋、赌博，游玩的营生他几乎无不精妙。他对打马球不仅十分迷恋，而且技艺高超。连派将出征都要靠马球输赢决定人选。唐僖宗即位的第二年，爆发了王仙芝和黄巢起义。880 年李儇南逃四川。883 年，黄巢在各路军阀的围剿下撤离长安。885 年，李儇回到长安，随即又在宦官田令孜的逼迫下离开长安。888 年三月七日（4月 20 日），李儇再次回到长安，于武德殿驾崩，年仅 27 岁。

唐昭宗李晔（867 年—904 年），唐懿宗第七子，唐僖宗弟。唐僖宗死后第二天即位。在位 16 年，享年 38 岁。时值唐朝名存实亡，已为最大的藩镇朱温所控制。朱温为了灭亡唐朝，先杀掉宦官，后迁都洛阳，接着镇压各地藩镇，最后于天佑元年（904年）杀害了昭宗。

唐昭宣帝李柷（zhù），唐昭宗第九子，唐朝末代皇帝（904年－907年，在位3年）。唐昭宣帝不过是藩镇手中的一个傀儡皇帝。907年朱温逼李柷禅位，改国号梁，是为梁太祖，改元开平，定都于开封。唐朝灭亡，立国共290年。

唐末四帝，人人昏庸，个个傀儡，唐朝不灭才怪呢。

十四、"五代纪"

《资治通鉴》第二百六十六至二百九十四卷，为《后梁纪》《后唐纪》《后晋纪》《后汉纪》和《后周纪》，记述了五代十国五十多年的主要史事。

五代明君柴荣

"后梁"代唐后，中国进入自魏晋南北朝以来又一次大分裂时期——五代十国，即后梁、后唐、后晋、后汉、后周及同时存在的十多个国家。

后梁，朱温建，都开封，历三帝，十七年，为后唐所灭；后唐，李存勖建，都洛阳，历四帝，十四年。

后唐清泰三年（936 年）夏，太原留守、河东节度使石敬瑭勾结契丹，认契丹皇帝为父，并以幽云十六州为代价，在契丹扶持下登基称帝，国号晋，史称后晋。石敬瑭被称为"儿皇帝"，是历史上遗臭万年的卖国贼。

后汉，刘志远建，称帝一年病死。次子继位，两年后被叛军所杀，后汉亡。

951 年，后汉大将郭威称帝，都开封，改国号周，史称后周。历三帝：后周太祖郭威、世宗郭荣（即柴荣）、后周恭帝柴宗训，共 10 年。

周世宗柴荣（921 年—959 年），邢州尧山柴家庄人（今河北省邢台市隆尧县郭园村），生于邢州龙冈（邢台县）之别墅。后周太祖郭威的内侄和养子。

显德元年（954 年），柴荣继郭威为帝，对军事、政治、经济继续进行整顿。军事上，他严明军纪，赏罚分明。政治上，他严禁贪污，惩治失职官吏。经济上，停废敕额（朝廷给予寺名）外的寺院，禁私度僧尼，收购民间铜器佛像铸钱，招民开垦逃户荒田；颁《均田图》，均定河南等地 60 州租赋，废除曲阜孔氏的免税特权。此外，还扩建京城开封，恢复漕运，兴修水利，修订刑律和历法，考正雅乐，纠正科举弊端，搜求遗书，雕印古籍等。显德二年起，伐后蜀，收复秦、凤、成、阶 4 州；此后 3 次亲征南唐，得南唐江北、淮南 14 州。北伐辽，收复河间、任丘、易县 3 州及瓦桥（在今河北雄县）、益津（在今河北霸州），淤口（在今河北霸州东信安镇）3 关。960 年五月周世宗病死。

后人对周世宗柴荣评价较高。认为周世宗是五代时最好的一位皇帝，他改革了不少前朝的积弊，开辟了统一全国的道路。有史书说，其御军，号令严明，人莫敢犯。其攻城对敌，矢石落其左右，略不动容。应机决策，出人意表。又勤于为治，发奸摘伏，聪察如神。闲暇则召儒者，读前史，商榷大义。性不好丝竹珍玩之物，重农恤民，制礼作乐，文武参用，各尽其能。人皆畏其明而怀其惠，故能破敌广地，所向无前。周世宗柴荣在位六年，享年只有三十九岁。他死的时候，远近哀悼。

当然，他也是我们邢台人的骄傲！

（2012 年 5 月 11 日）

第二篇　正史之师
——选读《二十四史》

乾隆皇帝，钦定正史，
前事不忘，后事之师。
——题解

一、前言

　　《二十四史》是中国古代各朝撰写的二十四部史书的总称，是中华传统文化最为重要的载体之一。这二十四部被历代统治者和史学家称为"正史"的纪传体史书，包含历史年代长久，记述史事内容丰富，堪称世界文化奇观。

（一）

　　中华民族是世界上历史最长的民族之一。上下五千年，一朝又一朝，一代又一代，编撰史书、记载历史，从来没有中断过。既有官方的修史，也有民间的整理。中华民族历史的文字记载也是世界上最久远、最完整的。

　　从汉朝开始留下了"隔代修史"的传统，每个朝代的皇帝都要指定一个史官，详细地记载这个朝代的所有大事，包括政治、经济、军事、管制、灾害等，大臣的奏本、皇帝的批复，甚至皇帝的起居言行也都一一记录在案。然后把这些原始资料在史馆存放起来。等到这个王朝灭亡后，下一个朝代的皇帝会指定杰出的儒生，根据这些资料进行整理，编成上个朝代的正史。官修正史就是这样从汉朝兴起的。在《二十四史》中，绝大多数的史书是官修正史。

（二）

　　《二十四史》，包括《史记》《汉书》《后汉书》《三国志》《晋书》《宋

书》《南齐书》《梁书》《陈书》《魏书》《北齐书》《周书》《隋书》《南史》
《北史》《旧唐书》《新唐书》《旧五代史》《新五代史》《宋史》《辽史》《金
史》《元史》《明史》。

没有被皇帝批准的史书不得称"正史"。清代乾隆皇帝钦定《二十
四史》为"正史"之后，"正史"一称就被《二十四史》所专有。其他史
书不能叫"正史"。1921 年，时任大总统的徐世昌下令将《新元史》列
入正史，与"二十四史"合称为"二十五史"。

（三）

对于史书的体例，我所选读的《白话二十五史（精选）》和《白话
二十四史（精华）》的"前言"中做了大体相同的介绍：史书的编撰体例
主要有编年体、纪事本末体和纪传体三种。编年体是以时间为纲，按年
月先后记述历史事件，如《资治通鉴》；纪事本末体是以事件为中心，记
述它的始末（我尚未读过此类史书）；纪传体主要以人物为中心，记载人
物的生平事迹和有关历史事件的发展、演变。《二十四史》中的第一部史
书《史记》是中国第一部纪传体通史，其他二十三部史书也都是纪传体
史书。

纪传体史书主要例目有"本纪""列传""志""表"四种。在《史
记》和《新五代史》中还有"世家"。

"本纪"是按年月次序编写的帝王简史，以记载帝王的言行政绩为
中心，兼述当时的政治、经济、军事、文化、外交等重大事件。

"世家"用来记载子孙世袭的王侯封国的历史，实际上是诸侯的
"本纪"。

"列传"主要是人物传记，也兼载我国少数民族以及与我国来往的
一些国家和地区的历史情况，个别的史书中还包括作者的自叙。

"志"是有关各种典章制度的专篇，记述的内容包括政治、经济、

军事、文化等重要领域。如"河渠志"叙述河流水利的情况，"地理志"记载行政区划沿革等。

"表"有的也叫"年谱"，它是用表格的形式，按一定的顺序，谱列人物和事件，也可以称作"大事记"。阅读"表"，便可大致了解历史上各个朝代的沿革，尤其是朝代间时间的接续和重大事件发生发展的时间。

《二十四史》的多数篇末用"论""赞""评""臣曰"等形式，对记载的历史事件或人物进行评论。

（四）

《二十四史》总共 3249 卷，约有 4000 万字。从第一部《史记》记叙传说中的黄帝起，到最后一部《明史》记叙到明崇祯 17 年（1644 年）止，包含了 4000 多年的历史，成书历时 19 个世纪。记载了历代经济、政治、文化艺术和科学技术等各方面的事迹。"明镜所以照形，古事所以知今。"一部《二十四史》道尽千古历史，书中提供的无数前车之鉴，给后人留下了巨大的学习和思考的空间。

中国伟大的政治家、思想家、革命家、军事家毛泽东主席，生平青睐二十四史，并在二十四史的陪伴之下走完了生命的最后里程。这位日理万机的开国领袖在二十四年间通读了四千万字的二十四史，他在研读二十四史时，用不同颜色的笔墨圈密点，作批写注。以政治家的目光评点历史，关注历朝治乱兴衰，关注历史上重大政治谋略的成败，重视以政治得失的角度评价历史人物功过是非，进而以史为镜。我们阅读《二十四史》，理应以伟人为榜样，前事不忘，后事之师，从读史中受到教益。

（五）

我在读完《资治通鉴》之后，从 2012 年 3 月 3 日开始阅读国际文化出版公司出版的《白话二十四史（精华）》和《白话二十五史（精选）》。用了 10 个来月的时间，到 12 月底，将两个白话选编本通读了一遍。

《白话二十五史（精选）》共四卷，由吴树平主编。吴树平是享受国务院津贴的文史研究专家。山东平度人，1965 年毕业于北京大学中文系古典文献专业。曾主持《文史》编辑工作，现在主要从事秦汉文献的整理与研究。《白话二十四史（精华）》共十卷，由山川和蔡茂友共同主编。编者情况不详。

《资治通鉴》截止到五代。《二十四史》和《二十五史》中记载五代以前的文章多与《资治通鉴》重复，但是角度有所不同。《资治通鉴》是编年史，按时间顺序记述朝代的沿革、皇帝的更迭，对重大历史事件的记载比较详细，有关事件之间的关系交代比较清楚，对成败因果、以史为鉴的分析、探讨也比较深刻。而《二十四史》和《二十五史》皆为纪传体史书，本纪和列传重点是写人物，加之自己所读的两个白话本为选编本，历史脉络不是很清楚。我在选读时，根据两书的"前言"或"说明"，参考有关资料，在每史之前整理了关于史书和所写朝代的背景资料，以备查阅。与《资治通鉴》重复过多的部分，只是粗略浏览一遍，笔记比较简单或省略未记。

原来的读书笔记是按照《二十四史》和《二十五史》的排列和阅读的时间顺序记录整理的。脱稿后，先后进行过两次较大修改，并曾打印成册，送请一些老同志赐教。最近，根据大家的意见和建议，加写了这篇"前言"，概括叙述了《二十四史》（含《二十五史》）的修撰历史、编写体例、内容特点、读史意义，以求对《二十四史》有个大体的了解。后面的笔记以原文为基础，经过反复推敲，压缩删减了一些篇章，减少了对重大历史事件、历史人物事迹的摘记，增加了自己的读后感想和点评，文字上也进行了较大修改。但限于自己的水平，缺失、不足乃至谬误等不尽人意之处在所难免。恳请阅后提出宝贵意见。

（2015 年 2 月 19 日 春节）

二、《史记》

正史首篇　纪传首部

——《史记》概述

　　《二十四史》首篇《史记》，是由司马迁撰写的中国第一部纪传体通史。全书有本纪十二篇，表十篇，书八篇，世家三十篇，列传七十篇，共一百三十篇。记载了上自上古传说中的黄帝时代，下至汉武帝元狩元年间共3000多年的历史（哲学、政治、经济、军事等）。《史记》最初没有固定书名，或称"太史公书"，或称"太史公传"，也省称"太史公"。"史记"本是古代史书通称，从三国时期开始，"史记"由史书的通称逐渐成为"太史公书"的专称。《史记》与后来的《汉书》（班固）、《后汉书》（范晔、司马彪）、《三国志》（陈寿）合称"前四史"。刘向等人认为此书"善序事理，辩而不华，质而不俚"，与司马光的《资治通鉴》并称"史学双璧"。被毛泽东称为中国的"两部大书"。

　　作者司马迁（前145年—前90年），西汉史学家、思想家、文学家。字子长，夏阳（今陕西韩城南芝川镇）人。公元前145年（汉景帝中元五年），司马迁生于龙门。卒于公元前90年（汉武帝征和三年）。

　　公元前140年（汉武帝建元元年），司马迁6岁，父亲司马谈任太史令。司马谈一直想效法孔子写作《春秋》的精神，写一部体系完整的史书，可惜他只做了一些准备的工作，便病逝于洛阳，临死之前，把他的理想事业，交给了儿子。司马迁在汉武帝时期担任太史公，为完成父亲愿望，开始创作《史记》。期间，因对李陵的看法与汉武帝相悖，被处以宫刑坐牢三年，出狱后他更加发奋写作《史记》，到他去世后终止。

　　《二十四史》之首的《史记》，对后世史学和文学的发展都产生了深远影响。其首创的纪传体编史方法，在史学体例上是影响极为深远的创举，为后来历代"正史"所传承。同时，《史记》还被认为是一部优秀的文学著作，在中国文学史上有重要地位，被鲁迅誉为"史家之绝唱，无韵之离骚"，有很高的文学价值。

华夏始祖　五帝传说

——读《五帝本纪》

　　《史记》第一篇为《五帝本纪》，记述传说中的黄帝、颛顼（zhuān xū）、帝喾（kù）、尧、舜五位上古帝王事迹。

　　黄帝是传说中华夏民族的始祖。姓公孙，名轩辕。传说他与炎帝在阪泉发生三次大战，打败了炎帝部落，后来，又打败蚩尤并杀了他。进入黄河流域。从此，黄帝部落定居中原，并很快发展起来。其他部族也都归顺了他，尊奉他为"黄帝"。

　　颛顼，黄帝的儿子昌意之子，黄帝之孙，名高阳。即位后，进行政治和宗教改革。禁绝巫教，强令顺从黄帝族的教化，诚敬事神，周边都来向他臣服。

　　帝喾，名高辛，黄帝的曾孙，颛顼的堂侄。帝喾在位时人才济济，把天下治理得很好。帝喾在位 70 多年。

　　尧帝，帝喾之子，名放勋。他严肃恭谨，上下分明，能团结族人，使邦族之间团结如一家，和睦相处。尧为人简朴，吃粗米饭，喝野菜汤。自然得到人民的爱戴。尧到年老时，认为儿子丹朱不成器，决定从民间选用贤良之才。大家一致推荐了舜。尧帝把自己两个女儿嫁给了舜，又对他进行了长期的考察，最后才放心禅让。

舜帝，名重华，号有虞氏，故称虞舜，冀州人。舜为首领时，把各项工作都做得很好，开创了上古时期政通人和的局面，所以舜成为中原最强大的盟主。正如《史记》所云："天下明德，皆自虞帝始"。（对于"三皇五帝"还有很多版本，都是传说。）

尧帝开创了帝王禅让之先河。舜帝死后，禅位于禹。到了封建社会才兴起世袭制度。当今社会提倡让贤，但无论是在行政机关、企业单位还是基层组织，世袭或变相世袭、由子孙"接班"，形成事实上的"家天下"的现象仍然存在。

天下始皇　千古一帝

——读《秦始皇本纪》

秦始皇（前259年—前210年），名政，因生于赵都邯郸，故又称赵政。秦庄襄王之子，十三岁即王位，在位共三十七年。

秦王即位后，首先平定内乱，稳定政局。先是平定晋阳反叛，接着车裂了发动叛乱的嫪毐，免除吕不韦的相职、将其放逐到巴蜀。

公元前230年至前221年，秦始皇采取远交近攻、分化离间、连横的策略，发动秦灭六国之战。先后灭韩、赵、魏、楚、燕、齐。到秦王政二十六年终于建立了中国历史上第一个大一统的中央集权的专制主义国家——秦朝。

已经一统天下的秦王政，以为过去的称号不足以显示自己的尊崇，取"天皇，地皇，人皇"中的"皇"字，"三皇五帝"中的"帝"字，创造出"皇帝"这个新头衔授予自己。从此以后，"皇帝"就成为中国国家最高统治者的称谓。因为他是中国第一个"皇帝"，故又称"始皇"。

秦始皇统一中国后，从政治、经济、文化诸方面进行了全面改革。

如中央集权制、地方郡县制、车同轨、度同制、书同文等，推动了中国社会发展。

司马迁书中秦始皇是个暴君。他强制推行新政，不允许"百家争鸣"，焚书坑儒；不顾百姓死活，横征暴敛，修阿房宫、建秦皇陵；巡游封禅，寻仙求药。秦始皇三十七年（前210年），在第五次东巡途中，死于沙丘平台。

对秦始皇的评价，历来众说纷纭。司马迁认为秦始皇是"残忍暴君"。嬴政凶残地实行暴政，是引发农民起义和秦朝灭亡的主要原因。秦始皇被明代思想家李贽誉为"千古一帝"。毛泽东对秦始皇的评价是给予肯定的。"中国过去的封建君主还没有第二个超过他的。可是被人骂了几千年，骂他就是两条：杀了460个知识分子；烧了一些书。"1958年11月，毛泽东在郑州一次会议上，详细地谈了对秦始皇的评价。他说："说秦始皇没有做过一件好事，太武断了。秦始皇第一个统一了中国，统一了原来各国的度量衡，车同轨，书同文，变封建制为郡县制。这些事关中华民族兴盛的大事，能说不是好事吗？"毛泽东又认为：秦始皇有独裁的一面，也有高度集中统一领导的一面。后者在秦始皇吞并六国、统一中国的过程中，是他取得成功的积极因素。因此，毛泽东说："秦始皇是个好皇帝，即使是焚书坑儒，他焚的是'以古非今'书，坑的是孟子一派的儒，其实只有460"。我觉得毛主席的评价是"一分为二"的，比较客观全面。

刘邦开国　吕后乱政

——读《史记》卷八、卷九

《史记》卷八、卷九分别为《汉高祖本纪》和《吕太后本纪》。记述汉高祖刘邦和吕太后的生平事迹。

　　刘邦，字季。《史记》卷八说，其母刘媪因蛟龙缠身而怀孕生刘季。公元前 209 年陈胜起义，刘邦在沛县响应，成为秦末农民义军主要领袖之一。在楚汉之争中取胜，建立汉朝。登基后，平定诸侯王叛乱，巩固统一局面。建章立制，休养生息，迅速恢复生产发展经济，不仅安抚了人民、凝聚了中华，也促成了汉代雍容大度的文化基础。刘邦在位十二年，对汉族的统一、中国的强大，汉文化的保护发扬做出很大贡献。毛泽东说刘邦本是一介平民，早年名声也不太好，但他能在秦末群雄逐鹿的时代大潮中脱颖而出，开一代王朝基业，名垂史册，这在中国历史上还是第一人。毛泽东认为他是"老粗出人物""听得进不同意见"，是"一位高明的政治家"。

　　吕太后名雉，山东单县人。早年其父为避仇迁居沛县，在一次宴会上欣赏时任亭长的刘邦的非凡气度，把吕雉嫁给了他，成为刘邦的正配夫人。吕后对刘邦平定天下，铲除内患，曾经起了很大作用。汉高祖死后，吕后临朝称制八年，吕氏专权，残害异己，诸吕叛变，后被平定。

　　有些人认为吕后是个十恶不赦的反派人物。而司马迁则认为"高后处理政务足不出户，天下太平。刑罚极少使用，犯罪的人稀少。百姓安于农耕，丰衣足食。"（见《史记》卷九）千秋功罪，谁予评说？

《史记》世家　孔陈有名

——读《孔子世家》《陈涉世家》

　　在纪传体通史中，"世家"一般是用来记载子孙世袭的王侯封国的历史，实际上是诸侯的"本纪"。《史记》包括"世家"三十篇，除了诸侯将相外，"圣人"孔子和秦末农民起义领袖陈涉也"榜上有名"。

　　《孔子世家》系统地记述孔子一生的行迹。孔子生于鲁国昌平，祖籍宋国。姓孔，名丘，字仲尼。孔子少时"贫且贱"，长大后做过管理仓库和牲畜的小吏。年五十，在鲁国摄行相事。因其主张不被采纳，遂周游宋、卫、陈、蔡、齐、楚等国，到处游说。他恢复周礼的复古主张不被各国重视，只好回到鲁国，整理古典文献，教育弟子，直至逝世。

《陈涉世家》记述陈涉的身世及起义经过。陈胜，字涉（前208—前169年）阳城（河南商水）人。秦二世元年七月，与吴广率领戍卒九百人，在蕲县大泽乡揭竿而起，诈称公子扶苏楚将项燕，时诸郡县苦秦苛法，云集响应。既占领陈县，胜乃自立为王，国号张楚。与秦将章邯战，兵败，为其车夫庄贾所害。

毛泽东曾对《史记》客观公正的写史态度和彪炳千秋的艺术成就给予了高度评价。司马迁写史，不限于记述、歌颂帝王将相，也不像司马光写《资治通鉴》主要为教导皇帝如何治理国家。《史记》中把孔子、陈涉列入"世家"，是肯定他们对社会的贡献相当甚至高于诸侯公卿。

将相故事　精彩悲凉

——读《史记·廉颇蔺相如传》

廉颇，赵国战将。蔺相如初为战国一个宦官的舍人。《史记·廉颇蔺相如传》写了"完璧归赵""渑池会"和发生在此后的"将相和"的故事。之后，记述廉颇不被赵王重用、赵括长平惨败、廉颇再起胜燕的故事。最后，简写了老年的廉颇因不满赵王让乐乘接替自己而攻打乐乘、被迫逃亡魏、死于楚国的过程。

本篇上半部分精彩，后半部分悲凉。这样写也许是符合当时实际情况的。只是一代名将落个亡命他国的下场，实在太令人悲伤了。

名人非名篇　史记之败笔

——从《孟子荀卿传》说起

《史记》中有一篇传记叫《孟子荀卿传》，该传记中写的都是名人，但实实在在地说这篇传记不是名篇，而是败笔。

所谓《孟子传》只有一段文字。总的意思说，当时天下正致力于合纵连横，把进攻讨伐作为真本领，而孟轲却四处阐明唐尧、虞舜、夏商周三代的德政，因此走到哪里都不受人们的欢迎。记述荀卿的专门文字就更少。我不知道司马迁写这篇传记的初衷是什么。该篇文章不到四页，记述了孟子、荀卿及邹衍、墨翟等十六人的事迹和思想。我觉得谁的传记也不是。

《史记》有的篇章写得非常精彩，可谓"传世之作"；有的也不过如此，这篇《孟子荀卿传》就是一例。

当断不断　必遭祸乱

——读《史记·春申君传》

春申君本名黄歇，战国时期楚国人。考烈王在位时任令尹（相当于后世的宰相）二十五年。他和当时齐国的孟尝君、赵国的平原君、魏国的信陵君齐名，号称四公子，他们都以养士著称。春申君门下食客三千。秦欲攻楚，经黄歇上书秦王劝告，秦楚结成友好盟邦。他当上令尹，先后攻秦救赵灭鲁，楚国重新强盛。后来，赵人李园把妹妹送给春申君，怀孕后又设计献给没儿子的楚王。生下儿子被立为太子。春申君任相二十五年，有人告诫春申君提防李园，以防意外，春申君不听。结果，考烈王去世后李园果然派人杀死春申君及全家。

司马迁说，春申君后来受制于李园，可就老糊涂了！

当断不断，必遭祸乱。说的就是春申君不听劝告，没有当机立断处置李园，最后遭到杀身灭族之祸。

广招宾客　不分人等

——读《史记·孟尝君传》

孟尝君原名田文，其父田婴，是齐威王的小儿子、齐宣王的弟弟。田婴去世后，田文在薛邑继承了田婴的爵位。以广招宾客，食客三千闻名。

齐愍王二十五年（前 299），派孟尝君到了秦国，秦昭王立即让孟尝君担任秦国宰相。臣僚中有的人劝说秦王道："孟尝君的确贤能，可他又是齐王的同宗，现在任秦国宰相，谋划事情必定是先替齐国打算，而后才考虑秦国，秦国可要危险了。"于是秦昭王就罢免了孟尝君的宰相职务。他把孟尝君囚禁起来，图谋杀掉孟尝君。

孟尝君知道情况危急就派人冒昧地去见昭王的宠妾请求解救。那个宠妾提出条件说："我希望得到孟尝君的白色狐皮裘。"孟尝君来的时候，带有一件白色狐皮裘，价值千金，天下没有第二件，到秦国后献给了昭王，再也没有别的皮裘了。孟尝君为这件事发愁，问遍了宾客，谁也想不出办法。有一位能力差但会披狗皮盗东西的人说："我能拿到那件白色狐皮裘。"于是当夜化装成狗，钻入了秦宫中的仓库，取出献给昭王的那件狐白裘，拿回来献给了昭王的宠妾。宠妾得到后，替孟尝君向昭王说情，昭王便释放了孟尝君。

孟尝君获释后，立即乘快马逃离，更换了出境证件，改了姓名逃出城关。夜半时分到了函谷关。昭王后悔放出了孟尝君，再寻找他，他已经逃走了，就立即派人驾上传车飞奔而去追捕他。孟尝君一行到了函谷关，按照关法规定鸡叫时才能放来往客人出关，孟尝君恐怕追兵赶到万分着急，宾客中有个能力较差的人会学鸡叫，他一学鸡叫，附近的鸡随着一齐叫了起来，便立即出示了证件逃出函谷关。出关后约摸一顿饭的工夫，秦国追兵果然到了函谷关，但已落在孟尝君的后面，就只好回去了。

当初，孟尝君把这两个人安排在宾客中的时候，宾客无不感到羞耻，觉得脸上无光，等孟尝君在秦国遭到劫难，终于靠着这两个人解救了他。自此以后，宾客们都佩服孟尝君广招宾客不分人等的做法。

太史公说："我曾经路过薛邑，那里的乡间有很多桀骜不驯的少年，与邹国、鲁国不同。我问是什么缘故，回答说，孟尝君招致天下以行侠仗义为己任的人以及奸诈的人六万多家居住在薛邑。世上传说孟尝君好客并以此为乐，确实不虚名啊！"

广招宾客，"鸡鸣狗盗"，一褒一贬，名不"虚传"！如今在共产党内不是也有人"不拘一格"提拔重用"人才"吗？

（《史记》选读完　2012 年 3 月 28 日）

三、《汉书》

难兄才女　汉书传世

——关于《汉书》作者

《汉书》，是中国第一部纪传体断代史。《汉书》包括纪十二篇，表八篇，志十篇，传七十篇，共一百篇，后人划分为一百二十卷，共八十万字。主要记述了上起西汉的汉高祖元年（前206年），下至新朝的王莽地皇四年（23年），共230年的史事。

《汉书》作者班固，东汉历史学家班彪之子，班超之兄，扶风安陵人（今陕西）。由于《史记》只写到汉武帝的太初年间，因此，当时有不少人为其编写续篇。班固的父亲班彪为《史记》作《后传》六十五篇。《汉书》就是在《后传》的基础上完成的。因为有人告发班固"私作国史"，班固曾被捕入狱，书稿也被全部查抄。后经其弟班超上书汉明帝说明情况，被无罪开释，又奉诏完成其父所著书。

汉和帝永元元年（89年），窦宪率兵伐匈奴，班固随其出征。后来窦宪失势自杀，班固受牵连而被免官入狱，死在狱中。此时所著《汉书》的八"表"及"天文志"均未完成。汉和帝命其妹班昭续写班固遗作，在马续协助下，《汉书》最终成书。

班昭是我国封建社会中有史料记载的第一位才华横溢的女史学家，也是《二十四史》中唯一的一位女作者，为《汉书》的最终成书做出了不可低估的贡献。

汉书列传之最

　　《汉书》中的"列传"仍依《史记》之法，以公卿将相为列传，同时以时代顺序为主，先专传，次类传，再次为边疆各族传和外国传，最后以乱臣贼子《王莽传》居末。在《汉书》七十篇列传中，不乏传世之作。有很多脍炙人口的名篇被改编成历史故事、戏剧曲艺等文学作品。如豫剧《苏武牧羊》就源自《汉书·苏武传》。

传记名篇《苏武传》

　　《苏武传》是《汉书》中最出色的名篇之一，它记述了苏武出使匈奴，面对威胁利诱坚守节操，历尽艰辛而不辱使命的事迹，生动刻画了一个"富贵不能淫，威武不能屈"的爱国志士的光辉形象。文章大致分为三部分：

　　第一部分苏武的身世、出使的背景及原因。

　　（1）苏武的身世："武，字子卿。少以父任，兄弟并为郎。稍迁至栘中厩（jiù）监。"

　　（2）出使的背景。时汉连伐胡，数通使相窥观。匈奴留汉使郭吉、路充国等，前后十余辈。匈奴使来，汉亦留之以相当。天汉元年，且鞮（jūdī）侯单于初立，恐汉袭之，尽归汉使路充国等。汉武帝派苏武护送扣留的匈奴使者还朝。

　　第二部分重点记述了苏武留胡十九年备受艰辛而坚持民族气节的事迹。苏武被扣留，匈奴三次招降：第一次是卫律软硬兼施想迫使苏武投降，被苏武正气凛然的怒斥所喝退。第二次是"苏武牧羊"。匈奴企图用艰苦的生活条件来消磨苏武的斗志，把他囚禁于地窖中，使他备受饥寒，接着流放苏武到荒无人烟的北海让他牧羊。然而在极端恶劣的环境中，苏武不可磨灭的爱国精神再一次粉碎了匈奴的险恶用心。他手握汉节——国家民族的象征，在九死一生中维持着一个使者的使命。第三次是故友李陵劝降。

第三部分介绍了苏武被放回国的经过。汉昭帝登位后，匈奴和汉达成和议。苏武于汉昭帝始元六年春回到长安。昭帝任命苏武做典属国，俸禄中二千石；赐钱二百万，官田二顷，住宅一处。苏武被扣在匈奴共十九年，当初壮年出使，等到回来，胡须头发全都白了。

苏武归汉第二年，上官桀、子安与桑弘羊及燕王、盖主谋反，苏武的儿子苏元因参与上官安的阴谋，而被处死。主管刑狱的官员上书请求逮捕苏武。霍光把刑狱官的奏章搁置起来，只免去了苏武的官职。昭帝死，苏武参与了谋立宣帝的计划。宣帝召来苏武又做了右曹典属国。又让苏武弟弟的儿子做了右曹。

苏武活到八十多岁，汉宣帝神爵二年（前60年）病亡。

著名豫剧表演艺术家李树建演出的《苏武牧羊》讲述了汉武帝时期，中郎将苏武奉旨出使匈奴被扣留，单于将其流放于北海牧羊。在19年毫无返汉希望的穷困放牧中，苏武饥吞毡、渴饮雪，在极其困厄的环境下，始终手持汉节，坚守自己的信念与操守，荡气回肠、震人心魂。

苏武用血肉之躯为后世树立了一座爱国主义的精神丰碑。苏武不惧强暴、不畏困苦、在生死关头坚持民族气节的事迹值得后人学习。

最短的"传"——《薛方传》

《汉书》有篇《薛方传》。薛方何许人也？既无生卒，也没籍贯。只有短短几行字，说了两件事：皇帝征召而未应诏；王莽没有强迫他出山。啊！原来他是个隐士。

这么短的"传"可否列入吉尼斯纪录呢？

最长的"传"——《王莽传》

　　《王莽传》是《汉书》中最长的"传"。《白话二十五史》把《王莽传》分为上中下三篇，《白话二十四史》中《王莽传》有九十多页。比皇帝的"纪"长很多。《王莽传》可分为身世、专权、篡政、灭亡四部分：

　　（一）身世。王莽字巨君，孝元皇后王正君弟王曼之子。元后父及兄弟皆以元、成帝年间封侯，居位辅政，家有九侯、五大司马。唯莽父曼早年病死，不曾封侯。莽群兄弟皆将军五侯子，莽独孤贫，为人恭俭，勤身博学。事母及寡嫂，养孤兄子。伯父大将军王凤病，莽侍疾，亲尝药，乱首垢面，不解衣带连月。凤临死，把王莽托付给太后及成帝，拜为黄门郎，迁射声校尉。

　　（二）专权。王莽为人奸诈，善于耍"两面派"。"官职越尊贵，态度越谦恭"，他供养知名人士，广交将相大夫，虚名传遍朝野，胜过他的叔伯。特别是"他敢于弄虚作假，而且做起来毫不惭愧"。所以，他的仕途可谓"平步青云"，从校尉到新都侯、光禄大夫，三十八岁当上大司马，跟在四位伯父、叔叔之后辅佐皇帝。一年多后成帝去世，哀帝即位。太后令王莽把权位让给哀帝外戚。王莽回到封地闭门谢客，安分守己。三年后被皇帝召回。王莽回京一年多哀帝去世。他和太后迎接九岁的中山王继位，是为平帝。平帝年幼多病，太后临朝听政，王莽专权朝事。

　　（三）篡政。平帝即位后，王莽晋升太傅、号安汉公，女儿嫁给平帝当了皇后。五年后平帝去世，王莽拥立两岁的刘婴为孺子，自称摄皇帝，后自立为帝，改国号为"新"。

　　（四）灭亡。王莽称帝后，为缓和社会矛盾，进行了一系列改革，不仅没有解决原有的社会危机，反而使各种矛盾更加激化，终于爆发了赤眉绿林起义，刘氏宗室、地方势力也趁机起兵，或加入赤眉绿林，或自立为帝。在混战中，新朝崩溃，王莽被杀。

王莽是个两面人物，多数史书对其以贬为主。

母仪天下　国将不国

——读《汉书·元后传》

元后，即孝元皇后王政君（前 71 年－公元 13 年），汉元帝刘奭（shì）皇后，汉成帝刘骜生母。她是中国历史上寿命最长的皇后之一。其身居后位（皇后、皇太后、太皇太后）时间长达 61 年。

王政君是王莽的姑姑，其父王禁生有四女八男。正君为次女，与长子王凤、四子王崇同母。次子王曼是王莽之父，早年去世。政君十八岁入宫。宣帝选宫人侍奉太子，正君被选中并得宠，生下刘骜。宣帝去世，太子刘奭即位，就是元帝。正君立为皇后。元帝去世，太子刘骜继位为成帝，正君为皇太后。王凤为大司马兼管尚书事，王氏开始兴盛。成帝无子，立定陶王为太子，去世后太子即位，是为哀帝。哀帝去世，也没儿子。太皇太后任王莽为大司马，立中山王继位为平帝。平帝九岁，当年得病。太后临朝，委托王莽处理政事，王莽独揽大权。平帝去世，还是没有儿子。王莽征召宣帝最小的玄孙刘婴为孺子，王莽当上摄皇帝，改元称制。后遭到宗室和大臣反对，王莽干脆自立为真皇帝，下诏称太后为"新室文母太皇太后"。元后活了八十四岁，死后与元帝合葬渭陵。

根据《元后传》改编、袁立主演的电视连续剧《母仪天下》，记述了王政君的一生。从元帝、成帝、哀帝、平帝、刘婴到王莽篡位，王政君经历了六任大小真假皇帝。元后"母仪天下"带来的是国破家亡，西汉正是败在了王政君及其家族身上，最后王氏家族又被东汉所灭。

馋臣清官　是褒是贬？

——读《汉书·张汤传》

生前是奸诈馋臣，死后是敬业清官，这是《汉书》中张汤的形象。

《汉书》说，张汤是（陕西）杜县人。他父亲曾为长安县丞。父亲死后，他在长安县当了很长时间的小官，后来却成为汉武帝的宠臣。

《汉书》认为张汤平步青云，步步高升的原因是，"张汤为人多诈，善施智谋控制别人"。他开始当小官时，就喜欢以权自谋私利，曾与长安富商田甲、鱼翁叔之流勾结。待当了九卿之官时，便结交天下名士大夫，自己内心虽然同他们不合，但表面却装出仰慕他们的样子。后来张汤虽做了大官，自身修养很好，与宾客交往，同他们喝酒吃饭，对于老朋友当官的子弟以及贫穷的兄弟们，照顾得尤其宽厚。所以张汤虽然执法严酷，内心嫉妒，处事不纯正公平，却得到一个好名声。骗取了汉武帝的尊宠和信任，当上御史大夫。

张汤每次上朝奏事，与皇帝一直谈到傍晚，天子也忘记了吃饭时间。丞相无事可做，空占相位，天下的事情都取决于张汤。致使百姓不能安心生活，骚动不宁，政府兴办的事，得不到利益，而奸官污吏却一起侵夺盗窃。从三公九卿以下，直到平民百姓，都指责张汤。张汤曾经生病，天子亲自前去看望他，他的高贵达到这种地步。丞相手下的三个长史都忌恨张汤，想法陷害他。张汤被迫自杀。

张汤死时，家产总值不超过五百金，都是所得的俸禄和皇上的赏赐，没有其他的产业。张汤兄弟和儿子们仍想厚葬张汤，他母亲说："张汤是天子的大臣，遭受恶言诬告而死，何必厚葬呢？"于是就用牛车拉着棺材，没有外椁。天子听到这情况后，说："没有这样的母亲，生不出这样的儿子"。就穷究此案，把三个长史全都杀了。皇上怜惜张汤，逐渐提拔他的儿子张安世。

如果把张汤的生前死后统一起来，正面说应当是"好客宽容，执法严明，办事得力，廉洁清正"。这可谓孰奸孰忠，"盖棺定论"吧！

（《汉书》选读完毕　2012 年 4 月 3 日　农历三月十三　于邢台）

四、《后汉书》

范晔贬官　后汉书成

——范晔和《后汉书》

被称为"前四史"之一的《后汉书》是一部记载东汉历史的纪传体史书，记载了从王莽起至汉献帝的 195 年历史。

东汉（25 年—220 年），是中国古代继西汉和新莽之后的又一个大一统王朝，由光武帝刘秀建立。

《后汉书》较之《史记》《汉书》有个新的特点，新增加了《党锢传》《宦者传》《文苑传》《独行传》《方术传》《逸民传》《列女传》七个类传。作者范晔是第一位在纪传体史书中专为妇女作传的史学家。

范晔（398 年—445 年），字蔚宗，南朝宋顺阳（今河南淅川东）人。其父范泰在刘裕手下先后任振武将军、尚书常侍兼司空、金紫光禄大夫散骑常侍等职。范晔官至吏部尚书郎。因彭城王刘义康母亲去世葬前的晚上，百官吊唁，而范晔与他人纵酒夜半，无所顾忌，触怒义康，被贬为宣城太守。贬官期间，范晔深感郁闷不得志，便删节众家《后汉书》为一家之作，期间修撰完成大部。晚年参与谋反失败被处死。死前完成了本纪、列传及与谢俨合写的《礼乐志》《舆服志》《五行志》《天文志》、《州郡志》五志，谢俨怕受牵连，毁掉了手中的志稿，使《后汉书》只有纪传部分流传了下来。

毛泽东说："中国有两部大书——《史记》和《资治通鉴》，都是有才气的人在政治上不得志的困境中写出来的。……人受点打击，遇点困难未尝不是好事，当然，这必须是有才气和有志气的人”。

司马迁受宫刑而写成《史记》，司马光被贬写完《资治通鉴》。范晔也是被贬官而完成《后汉书》的。他们都是"有才气和有志气的人"。

光武中兴　献帝亡国

——选读《后汉书·世家》

我手头的《二十四史》选读本选录了《后汉书》中《汉光武帝纪》和《献帝本纪》。这两篇是东汉开国皇帝刘秀和亡国皇帝刘协的"本纪"，记述了东汉建立和灭亡的过程。

西汉末年，土地兼并之风愈演愈烈，大批农民失去土地沦为奴婢，社会矛盾空前激化。王莽代汉建新之后，颁布了"王田令""私属令"等一系列新政，力图缓解西汉中期之后日益激化的社会矛盾。然而，王莽改制不但没能缓解西汉中后期以来不断激化的社会矛盾，反而使得这种矛盾更加激化，加之新朝末年水旱灾害不断，终于在新莽天凤年间爆发了著名的绿林与赤眉大起义。一时间，四方响应，天下大乱。新莽地皇四年（23年），昆阳城下，面对新朝号称百万（实为42万左右）的围剿大军，西汉皇族后裔出身的刘秀沉着冷静、奋力死战，终于在其他绿林军的配合下，一举摧垮新莽42万大军。昆阳之战，标志着新王朝赖以维持其统治的军事力量基本上消耗殆尽。同年，绿林军攻破长安，王莽死于变民之手，新朝灭亡。

新朝灭亡之后，曾与绿林军并肩作战的刘秀北渡黄河，与绿林军彻底决裂，从而开始了他占有河北，逐鹿中原，进而兼并天下的霸业。公元25年，即东汉建武元年，刘秀在河北高邑登基称帝，是为汉世祖光武皇帝，后定都洛阳，史称东汉。刘秀定都洛阳之后，不断对四方用兵，先后消灭赤眉和大小数十个割据势力。经过 12 年的东征西讨，公元 37 年扫灭了最后一个割据势力——在蜀称帝的公孙述，结束了自新莽末年长达近二十年的纷争混战，古老的中华大地再次归于一统。人们安居乐业，出现了"光武中兴"的局面。

东汉末年，外戚内宦，你争我斗；群雄四起，各霸一方；董卓废少帝，立献帝；曹操挟天子，令诸侯。220 年，曹丕逼献帝让位，自称天子，东汉灭亡。

<h2 style="text-align:center">一代贤后　名垂青史</h2>

——选读《后汉书·皇后传》

东汉从和帝开始，连续有六个太后临朝。《白话二十四史》所选《后汉书·皇后传》中的《和熹邓皇后传》记述的就是其中第一位垂帘听政的皇后。

邓皇后，汉和帝刘肇的皇后邓绥，15 岁应选入宫，16 岁封为贵人。和帝于永安二十四年（102 年）立邓绥为皇后。三年后和帝驾崩。邓皇后自己没有儿子，立后宫生的寄养在民间的刚满百日的刘隆为皇帝，即汉殇帝，尊邓皇后为皇太后临朝垂帘听政。第二年殇帝夭折，邓绥定立清河王刘祜为汉安帝，时年不足 13 岁，邓太后继续临朝。她一直到永宁二年（121 年）病死，垂帘听政达 16 年之久。

邓绥执政期间，水旱十载，四夷外侵，盗贼内起。她日夜操劳，躬自处置，增收节支，减轻赋税，救济灾民，终使岁还穰丰，百姓安居乐业。通西域，抗匈奴，安定并州、凉州，使西线多年无战事。大臣们纷纷上书歌颂邓太后："兴灭国，继绝室，录功臣，复汉室……巍巍之业，可闻而不可及，荡荡之勋，可诵而不可名。"

"垂帘听政"是不得已而为之的事情，由于"老佛爷"垂帘听政的影响，不少人误认为垂帘听政不是好事，垂帘听政者不是好人。其实这是以偏概全的一种误解。东汉的邓太后垂帘听政16年，为"兴灭国，继绝室，录功臣，复汉室"，创下了巍巍业绩，为世人所传诵。

东汉清官　流芳后世

《后汉书》记述了几位清官的故事，他们的事迹值得称道与效仿。

杜诗，河南汲县（今卫辉）人。光武帝时，为侍御史。建武七年（31年），任南阳太守时，创造水排（水力鼓风机），以水力传动机械，使皮制的鼓风囊连续开合，将空气送入冶铁炉，铸造农具，用力少而见效多。他还主持修治陂池，广开田池，使郡内富庶起来。有"杜母"之称。南阳人称赞说："前有召父（召信臣），后有杜母"。杜诗为官清廉，死后贫困无宅田，丧无所归。光武帝诏令在郡中官邸治丧，并赐一千匹绢办丧事。

孔奋，字君鱼，东汉初扶风茂陵（今陕西西安西北）。王莽之乱，与老母和幼弟到河西地区躲避兵乱。29年，任河西大将军窦融官署议曹掾，宁姑臧长。任职四年，虽在富庶地区为官，财产却无所增，为时人所笑。侍奉母亲极孝。他自己生活极俭，却寻求珍膳侍奉老母。后任武都太守，告病去官后，死于家中。所到之处，以廉洁著称。

张堪，字君游，南阳宛人。堪早孤。让先父余财数百万与侄子。年十六，求学长安，诸儒号曰"圣童"。光武帝即位，中郎将来歙荐堪，召拜郎中，三迁为谒者。让他送缣帛，并领骑七千匹，交大司马吴汉伐公孙述，在道追拜蜀郡太守。时汉军余七日粮，阴具船欲遁去。堪闻之，驰往见汉，说述必败，不宜退师之策。汉从之，乃示弱挑敌，述果自出，战死城下。成都既拔，堪先入据其城，检阅库藏，收其珍宝，悉条列上言，秋毫无私。慰抚吏民，蜀人大悦。

杜诗为官清廉到"死后贫困无宅田，丧无所归"的程度，也许现在相信的人不会很多；孔奋虽在富庶地区任职四年，"财产却无所增，为时人所笑"，也许现在笑他无能的人不在少数；张堪对战利品"秋毫无私"，也许现在有人会打问号这毫不奇怪。正像有人胡说"雷锋是假的"一样，以小人之心度君子之腹，对那些清正廉洁、坦荡无私的清官的作为是无法理解的。但正直的人会相信历史上的清官是存在的，《后汉书》所记载的杜诗等人的事迹是真实的。

妙笔生辉　奸佞再现

——范晔笔下的梁冀

人们称道老中医的高超医术为"妙手回春"，而范晔的笔锋却能够"妙笔回春"，把早已死去的人物写活了。《后汉书》中的《梁冀传》，就把专横跋扈、祸国殃民的梁冀写得生动形象，活灵活现。

该传一开头写道：梁冀，字伯卓。"他的肩膀像老鹰般上耸，双目如豺狼般直竖，两只豆眼直勾勾的，大舌头说话含混不清，谈不上有学问，只不过能够写字计数而已。"一句话勾画出梁冀丑陋凶残的面孔。接着写道："他自小身为贵戚，恣意游荡。生性好酒，能拉强弓，精通弹棋、格五、六博、蹴鞠、猜枚等游戏，还好架鹰走狗，驰马斗鸡。"可谓吃喝玩乐、狂荡不羁。这个不学无术的浪荡公子，在官场却是平步青云：

"他起初担任黄门侍郎，转官为侍中，虎贲中郎将，越骑校尉，步兵校尉，执金吾。"

第二段，用了不到二百字，举例叙述了梁冀之残暴恣肆。当年他官拜河南尹，其父的宾客吕放讲了梁冀的一些毛病，梁冀因此受到父亲的责备，便派人杀了吕放，又嫁祸于吕的仇人，把那人的亲族、宾客共一百多人全部杀掉。

梁冀为什么敢这么凶残？书中没说。因为他出身世家大族，先祖曾协助汉光武帝刘秀建立东汉，其父梁商是大将军。两个妹妹分别是汉顺帝和汉桓帝的皇后。他是皇亲国舅呀！

书中第三段写道：梁商去世后，还没埋葬，汉顺帝就拜梁冀为大将军。顺帝去世，冲帝还在襁褓中，梁冀更加奢侈暴虐。冲帝又死了，梁冀便扶立质帝。因质帝当面称梁冀为"跋扈的将军"，次年即被他所毒杀，另立十五岁的桓帝。汉桓帝即位后，梁冀更加飞扬跋扈。

后来书中以好多实例描写了梁冀的飞扬跋扈、奸诈凶残、为所欲为。但是，善有善报，恶有恶报。最终，汉桓帝忍受不了啦，趁梁冀不防备，发动羽林军一千多人，突然包围了梁冀的住宅。梁冀服毒自杀。梁冀的儿子、叔父、三个堂弟全部被捕，梁氏以及妻孙氏堂表亲戚逮送监狱，无论年纪大小，全部斩首示众。被处死的公卿、校尉、刺史、郡守数十人，梁冀的爪牙心腹三百多人全撤了职。没收梁冀家的家产，可以减少天下租税的一半。被梁家占用作花园、兔苑的民田，分割给穷苦百姓耕种。

在当前的反腐浪潮中，横行中国党政军界的当代"大老虎"也会和梁冀一样，逃脱不了人民的审判和法律的制裁，落个身败名裂、遗臭万年的可耻下场！

（《后汉书》阅读完毕 2012 年 4 月 9 日）

五、《三国志》

唯才是举

——曹操的用人之道

《三国志》卷一《武帝纪》中，不止一次地讲到曹操的用人之道。概括起来有四点：

第一、重视人才。"自古接受天命开国及中兴的君主，何曾不是得到贤人君子和他共同治理天下呢！……现在天下还没有平定，这正是求贤最迫切的时候啊。"第二、广选人才。选贤不拘一格、不看小节、不求完美。他说："如果限定只有廉洁的人才可任用，那齐桓公靠谁帮助成为霸主呢！"第三、爱护人才。曹操善待关羽就是例证。第四、用好人才。根据人才的特点，授予不同官职。

陈寿在《武帝纪》末尾写道，"评：汉朝末年，天下大乱，英雄豪杰同时兴起，而袁绍占用四州土地，虎视眈眈，强盛无敌。太祖运用计谋，征讨天下，……把官职授予有知识、有才能的人，根据人才特点授予不同官职，控制感情，重视计谋，不记旧仇。终于能全面掌握大权，完成建国大业的原因，在于他有英明的谋略啊。他可以称得上是非常之人，盖世的英杰了"。我赞成陈寿的观点。

曹丕的丧葬观

——读《魏文帝纪》

历史上的开明之君一般都反对"厚葬"，魏文帝曹丕亦如此。《三国志》卷二《魏文帝纪》中，用相当篇幅记述了曹丕对自己丧葬事宜的安排，反映出他"务实节俭、反对骄奢"的丧葬观。

（1）"安葬的目的就是把人体埋藏起来，不再被别人看见"。因为，"尸骨已没有痛痒的知觉，坟墓也不是神灵存身的地方"，所以，"制作的棺椁能够装殓尸骨，衣服被褥能够遮掩尸体就行了"。

（2）墓内放置金银珠宝是"庸俗愚昧之人所作"。死后嘴不含珠玉，身不穿玉衣，"也不要盛放在玉匣中"。

（3）"最大的忠孝"是"能使君主、亲人的遗骨安定不动，使死者的灵魂万年不危"。孔子制止用美玉陪葬，认为那是将死者尸骨暴露荒野；宋国国君厚葬，臣子被指责没有尽职。厚葬的结果，必然是坟墓被掘。死者"真是死了一遍还要再死一遍。身为臣子的要是那样做，就是轻蔑死去的君父，不忠不孝，假如死者有知，将不会给你们降福。"

（4）厚葬是一种骄奢的表现。厚葬必然导致盗墓，"受祸的原因都在于修坟厚葬""要以桑弘羊和霍显因骄奢而招祸为戒"。

曹丕去世后，从殡殓到下葬，都是按照他生前的安排进行的。

中国当代的某些"大官""大款"们，看看1700多年前曹丕的丧事安排，大概就不会生前修墓、死后厚葬了吧！

建安七子

——读《王粲传》

王粲是曹丕的好友，幼时就小有名气。当时，左中郎将蔡邕的才学已经非常著名，是朝廷重视的尊贵人物，常常是车骑填街塞巷，宾客坐满厅堂。他听说王粲来到门外，慌得倒穿着鞋子出来迎接。

王粲的记忆力惊人。《王粲传》举了两个例子：路旁碑文"过目成诵"，乱棋重摆一子不差。他还精通计算，善写文章。

王粲何许人，怎么这么聪明？且看《王粲传》最后一句："王粲与北海徐干伟长，广陵陈琳孔璋，陈留阮瑀元瑜，汝南应玚德琏，东平刘桢公干，都是好朋友"。只差鲁国孔融文举，"建安七子"就到齐了！

（建安是汉献帝的年号；建安文学泛指汉末魏初这个时期的文学；建安七子是建安文学的七位才子）

邓艾之死

魏国名将邓艾，南阳人。因打败姜维，升为征西将军。263 年 10 月，邓艾出奇兵，攻取成都，逼迫刘禅投降。邓艾因功进封太尉。邓艾封刘禅为骠骑将军，并自行任命降将官职。邓艾的居功自傲和自行封官，引起司马昭不满，钟会借机诬陷邓艾谋反，槛车解回京师。后钟会作乱被杀，邓艾被部下解救，复为监军魏瓘派兵追杀而死。

邓艾功高而遭嫉被杀，历史悲剧呀！幸得晋武帝平反，总算落了个忠臣名义。

孔明失利之因

——读《诸葛亮传》

诸葛亮品德高尚，才能过人，但他最终没有能够实现统一大志。对此众说纷纭。

陈寿在《诸葛亮传》中是这样分析的：

"诸葛亮擅长组织训练军队，而缺乏指挥战争的奇谋，政治才能超过军事才能，而他的敌人中恰有人中豪杰，加上众寡悬殊，攻守形势不同，所以虽然连年用兵但都没能取胜。""使他功业日衰，统一大业不能实现"。

陈寿说，"这大概是天命注定，是不可以凭个人智力去争的啊"。

陈寿的结论不过是"宿命论"的一种解释。谁不知世上从来没有"常胜将军"？赵子龙不是也曾败给过姜维吗？诸葛亮及蜀国最终失败的原因是多方面的，一两句话是说不清楚的。但诸葛亮事必躬亲、鞠躬尽瘁的精神是值得敬佩的。

"大度"周郎 "气死"何来

《三国志》说"周瑜有大度，其心胸宽阔，大体能得人心"，三十六岁征战途中因病而死。《三国演义》却说周瑜是诸葛亮"三气周瑜"气死的。周瑜的"气"从何来，"死"由何引起？

其实，这也许就是"正史"与"演义"的区别。

陆绩怀橘

——读《陆绩传》

陆绩六岁时，在袁术家做客。袁术拿出橘子招待客人。陆绩揣了三个橘子在怀里，离去时，向袁术拜别，不小心把橘子掉在了地上。袁术讽刺他说："陆郎做客还要揣橘子回去吗？"陆绩跪下回答说："我想带回去给母亲吃。"袁术大为惊奇。

《陆绩传》记述的"陆绩怀橘"是"二十四孝"故事之一，孝道至今还是值得提倡的。

（《三国志》读完　2012 年 5 月 20 日）

六、《晋书》

竞为绮艳　不求笃实

——《晋书》概述

《晋书》一百三十卷，包括帝纪十卷，志二十卷，列传七十卷，载记三十卷，记载了从司马懿开始到晋恭帝元熙二年为止，包括西晋和东晋的历史，并用"载记"的形式兼述了十六国割据政权的兴亡。

晋朝是中国历史上九个大一统朝代之一，分为西晋（265 年－316年）与东晋（317 年－420 年）两个时期。263 年司马昭发兵攻蜀后，魏帝以并州等十郡封其为"晋公"，灭蜀后进爵为晋王。265 年其子司马炎自立为皇帝，国号"晋"，定都洛阳，史称西晋，共传四帝五十二年。五胡乱华，晋室南渡，琅邪王司马睿在建业重建东晋，共传十一帝一百零四年，两晋总历时一百五十六年。

《晋书》是由多位史学家联合写作、唐太宗亲自参与的一部史书。贞观二十年（646 年），唐太宗命房玄龄等为监修，组织编写《晋书》，参加者有令狐德棻等二十余人。唐太宗为司马懿、司马炎两篇帝纪和陆机、王羲之两篇传写了论赞。

《晋书》增设"载记"，记述了十六国的历史。这是在编纂体例上的一个突出特点。另一个是在取材和文笔上也与前四史不同。一是《晋书》不十分注意史料的取舍，喜欢采用小说笔记里的奇闻轶事，甚至是一些荒诞故事。二是作者大多擅长诗词文赋，有片面追求辞藻华丽的倾向。

后人评它"竞为绮艳，不求笃实"，说明该书的文学价值较高，史料价值不足。

晋武帝的开明之举

——读《晋武帝纪》

晋朝开国皇帝司马炎，上任伊始，采取了一系列开明措施，选贤任能，严格吏治，广开言路，稳定局势。

制定了选任官员的六条标准：忠诚恭谨，奋不顾身；善事尊长，合乎礼仪；友爱兄弟，尊敬兄长；洁身自好，勤劳谦虚；讲究信义，遵守诺言；努力学习，陶冶自身。

下达了严格要求郡国首相的五条诏书：修养身心；厚待百姓；体恤孤寡；重农抑商；杜绝请托。并要求他们定期巡视各县，了解民情，慰问老人；讯视囚徒，受理冤狱；奖善惩恶，进贤去邪。

他还广开言路、容纳直言。"邺城的奚官督上书武帝，陈述五件事情，用来谏诤，言辞恳切直率，武帝破格提升他担任屯留县的县令"。有人击鼓上奏，"言辞大多妖妄诽谤，被奏请斩于市场，陈尸示众。"武帝说："是我的失误啊"，遂放人不加追究。可谓"直谏有功，言过无罪"。

因而，司马炎"恩德普及，四方归心"（见《晋武帝纪》）。再加上他推行的一套鼓励农桑、发展生产的政策，晋朝出现了多少年少有的社会安定，经济繁荣的景象，史称"太康之治"。

晋武帝选任官员的六条标准、严管郡国首相的五条诏书和广开言路的做法，至今仍值得效仿。至于灭吴后，武帝逐渐怠惰政事，荒淫无度，导致晋朝日益衰败，另当别论。

世无英雄，遂使竖子成名

毛泽东主席在一封信中曾经说过这样一句话：晋朝人阮籍反对刘邦，他从洛阳走到成皋，叹道：世无英雄，遂使竖子成名。

今读《晋书》，方知此话源于《阮籍传》。

阮籍，字嗣宗，陈留尉氏人，是"建安七子"之一阮瑀的儿子。曾任步兵校尉。崇奉老庄之学，政治上则采谨慎避祸的态度。与嵇康、刘伶等七人为友，常集于竹林之下肆意酣畅，世称"竹林七贤"。

阮籍对司马氏不满，但同时又感到世事已不可为，于是他采取不涉是非、明哲保身的态度，或者闭门读书，或者登山临水，或者酣醉不醒，或者缄口不言。钟会是司马氏的心腹，曾多次探问阮籍对时事的看法，阮籍都用酣醉的办法获免。司马昭想与阮籍联姻，籍竟大醉 60 天，使事情无法进行。司马昭自封晋公的"劝进文"，也是他大醉后写成的。因此，司马氏对他采取容忍态度，如《阮籍传》所说，"尊崇礼法的人都憎恨阮籍如同仇敌，可是文帝司马昭却每每保护阮籍"。他的好友嵇康锋芒毕露遭诬陷，被司马昭所杀。阮籍却因"癫狂""酣醉"而最后得以终其天年。

三朝元老王导

——读《王导传》

王导，字茂弘，琅琊（临沂）人，先后在东晋元帝、明帝、成帝三朝执掌朝政。

从《王导传》的记述中可以看出，王导之所以成为三朝元老，其原因大致有四条：

1．他与元帝"志趣相投如挚友"

"当时晋元帝还是琅琊王，他与王导一向亲密友善"。王导看到天下已经大乱，全力拥戴琅琊王司马睿复兴晋室，为东晋的建立立下大功。

2．他忠心耿耿维护东晋政权

东晋建立后，"吴人并不依附"，北方南迁的士族也心存"忧虑、疑惧"。丞相王导竭力树立维护皇室权威，调解南北士族关系，团结双方"共图大业"，受到南北双方的尊重，稳定了东晋政权。

3．平定王敦

王敦是王导的堂兄，曾与王导一同协助司马睿建立东晋政权，成为当时权臣，但一直有夺权之心，明帝即位后发动政变。明帝授予王导节仗，令其都督诸军平叛。"当时王敦已病，王导率族中子弟为他发丧，众人听说王敦已死，斗志高昂"，一举打败王敦叛军。

4．他廉洁勤政堪称楷模

《王导传》说，王导为政力求清静无为；生活俭朴寡欲；善处荣辱进退。受到朝廷上下的一致尊敬。

成帝听说王导"仓无存粮，衣无余帛，赏给布万匹，作为私人费用。王导病重，不能上朝，成帝亲自到他的府邸探望。"

王导六十四岁时病逝，成帝在朝堂哀悼三日。可见王导在朝廷的威望是多么高。

当时"王与马，共天下"，是王导只保天下，而不夺天下呀！这便是王导能够成为三朝元老的"秘诀"吧。

（《晋书》阅读完毕　　2012 年 5 月 26 日）

七、南书（《宋书》《南齐书》《梁书》《陈书》）

速成 广录 创新 带叙

——《宋书》的特点

　　《宋书》主要记载了刘宋政权六十年的历史。南朝宋的开国皇帝刘裕出于行伍，自幼家贫。时值东晋末期，民变此起彼伏，朝廷内部斗争也十分激烈。东晋大将桓玄乘朝廷实力虚弱，起兵篡位，国号"楚"。刘裕与刘毅等起兵勤王，并最终消灭了桓玄的力量。此后，刘裕率军南征北伐，其势力不断得到稳固壮大，并先后攻灭刘毅、司马休之等实力派，最终于420年迫使晋恭帝将帝位禅让给他，而建立了宋朝（也称刘宋）。

　　刘宋建立后，北方诸国虎视眈眈，战事不断。公元424年，宋文帝刘义隆即位，他在位三十年，励精图治，国家生产经济终于有所恢复，遂有"元嘉之治"。但公元453年，其长子刘劭为了篡夺皇位，骇人听闻地杀害了自己父亲，之后王室诸子争位，混战不止，帝王荒淫残暴，朝政日益腐败，国家实力从此一蹶不振。公元479年，宋顺帝刘准把帝位禅让给了萧道成，南朝宋终被南齐所取代。

　　《宋书》的作者沈约（441年—513年），浙江武康人，历仕南朝宋、齐、梁三朝。他在齐武帝永明五年（487年）受命编写《宋书》，永明六年二月就完成了纪、传七十卷（全书一百卷，纪传外另有志三十卷）。历时不足一年，是《二十四史》中成书较快的一部。"速成"，这是《宋书》的第一个特点。

　　《宋书》的志记述刘宋一代的典章制度，同时也追述了两晋和三国。其中的《乐志》详细记载了古代各种乐器，保留了许多古代乐歌歌词，是《二十四史》同类志中较好的。"广录"——对各种资料记录面广，是《宋书》的第二个特点。

　　《宋书》的第三个特点是"创新"。它的《符瑞志》是新创的。它以满篇的白虎、丹书、甘露、嘉禾之类的怪异，与人相附会，借以神化君权。

　　《宋书》列传的叙事，常常采用"带叙"的方法，这是它在语言表达上的一个特点。它把某些没有专传的人物简历和事迹，在他人的传记中夹带写出，在不增加传目的情况下，记载更多历史人物的事迹。

《宋书》中的《皇后传》

　　刘宋王朝经历 5 代 8 个皇帝 60 年，时间较短，除了开国皇帝宋武帝刘裕和宋文帝刘义隆外，其余 6 个皇帝一共才坐了 26 年，而且都是残暴荒淫的昏庸之君。因此，刘宋朝的皇后既没有辅佐几代皇帝、母仪天下的王政君式的老太后，也没有心狠手毒、擅专朝政的霍显式的野心家。但是，《宋书》中的《皇后传》，对刘宋后期荒淫腐败的黑暗统治揭露得相当深刻。

　　《白话二十四史（精华）》选录了三篇《皇后传》，文字尽管都很短，但从不同的角度抨击了刘宋后期的昏庸残暴统治。

　　《明恭王后传》记述了宋明帝刘彧之后王贞风的生平，反映出她为人刚正善良的品质。"废帝无德无行，太后经常加以劝谕"。自己的亲儿子不听劝阻，反而想毒死她。刘宋皇室的昏庸残暴可见一斑。

　　《后废帝江皇后传》对皇后本人的记述不多，但揭露了刘宋皇室嫁娶太子妃过程中索要礼物的情况。"太宗暗示朝廷官员和州郡长官献财物给太子妃，最多的送价值百金的礼品。始兴太守孙奉伯只献了琴和书籍，此外没有，皇帝大怒，装了毒药给他，赐他一死"。

更有甚者，皇帝因为阳痿不能生子，留下兄弟的姬妾所生男孩，杀掉生母。这是《明帝陈昭华传》中记述的刘宋皇室惨无人道的事情。

刘宋后妃的命运多数是很悲惨的，《宋书·皇后传》对此揭露无余。读后对刘宋皇室的昏庸、荒淫、凶残、腐败及其灭亡原因，有了进一步的了解。

直钩钓鱼与素琴寄志

——读《陶潜传》

《宋书·陶潜传》记述了陶渊明"不为五斗米折腰"的故事，歌颂了他的人品气节。陶潜，字渊明。因为"怀才不遇"，他常常借酒浇愁，一醉方休。每当他酒喝够了，总是抚弄着没有一根弦的素琴，以此来寄托自己的心志。但最终陶渊明也没有遇见"周文王"。只好去职归隐，在"桃花源"里躬耕陇田，抚琴赋诗，留下了《归去来兮辞》《五柳先生传》《桃花源记》等传世名篇。

姜太公"直钩钓鱼"遇周文王，拜为太师，最终辅助文王、武王推翻商纣建立周朝。这个故事成为流传千古、脍炙人口的历史佳话。而陶渊明"素琴寄志"，未遇"知音"，隐居山野，令人寒心。

王孙修史　只此一家

《南齐书》是一部记载南齐封建割据政权历史的书。全书六十卷，现存五十九卷。南齐（479 年—502 年）是中国南北朝时期南朝的第二个朝代，为萧道成所建。502 年，萧衍（梁武帝）灭了南齐，另建了梁朝。南齐的统治只有二十三年，是南北朝时期最短促的一个朝代。

《南齐书》作者萧子显，南齐兰陵郡南兰陵县（今江苏常州西北）人，是萧道成的孙子。他父亲豫章王萧嶷在南齐前期曾煊赫一时，他本人在梁做到吏部尚书。他虽然还是梁朝统治集团中的上层人物，但这时他家的政治地位已经衰落下来。以前朝帝王子孙而修前朝史书，二十四史中仅此一家。

姚氏父子　同修两史

——记《梁书》《陈书》作者

《梁书》与《陈书》分别是南朝梁、陈的纪传体断代史著作。《梁书》记载自梁武帝萧衍建国至梁敬帝萧方智亡国 56 年间的历史。《陈书》记载自陈武帝陈霸先即位至陈后主陈叔宝被隋文帝灭国首尾 33 年间的史事。

《梁书》与《陈书》是姚察及其子姚思廉两代人，自公元六世纪八十年代至七世纪三十年代，经过几十年的辛勤撰写完成的。

姚察（533 年—606 年），浙江德清人，南朝历史学家。历经梁、陈、隋三朝，曾任陈秘书监、吏部尚书，梁秘书丞等职。陈初年曾参与《梁书》的编著。入隋后于文帝开皇九年（589 年）又受命编撰梁、陈两代历史，未竟而卒。临终嘱其子姚思廉继续完成编撰工作。

姚思廉（557 年—637 年），自隋入唐，官至散骑常侍。贞观年间与魏征同编梁、陈两史（魏征为监修官）。历时七年完成《梁书》和《陈书》的撰写工作。

《梁书》的列传内容比较丰富，于南朝各史中较好，在后人中享有盛誉。如《曹景宗传》《范云传》《萧子显传》《朱异传》《侯景传》写得都很生动。《陈书》中的列传稍显逊色。

竟陵八友

——读《范云传》

竟陵，今湖北天门市，旧称竟陵县，为萧子良封地，自古人文昌盛，后亦有竟陵文学派。

南北朝齐永明年间，有一大群文士集合于竟陵王萧子良左右，形成了一个文学群体，文学史上称"竟陵八友。"《梁书·武帝本纪》："竟陵王子良开西邸，招文学，高祖（萧衍）与沈约、谢朓、王融、肖琛、范云、任昉、陆垂并游焉，号曰'八友'。"这些人中，沈约、谢朓、范云都是一代文人。他们彼此唱和，互相推波助澜，形成了一股文学潮流。齐亡后仕梁，大写轻靡柔艳的色情诗，成为宫体诗的主要作家。文学史上又称这一时期的文学风格为"齐梁体"。

"竟陵八友"之一的范云，是河南舞阴（沁阳）人。据《范云传》记载，他幼年天资聪明，勤学早慧。善作文章，下笔成章，从不打稿。始从竟陵王时不被认识。等到竟陵王到秦望山游览时，唯有范云能够诵读石刻文辞，竟陵王从此宠信范云。

范云与萧衍曾在竟陵王官邸相会，又曾住街坊，萧衍很器重他。后来，范云和沈约一起辅佐梁武帝，官至吏部尚书。范云为官洁身自律，勤政爱民，又恭谨笃信，忠言切谏，因违背旨意用人而得罪，被免去吏部尚书。五十三岁时去世。

像范云这样有才更有德的人才难求啊！

庸主与佞臣

——读《朱异传》

朱异字彦和，吴郡钱塘人。二十岁进京，受到沈约重视。朱异建议京城设置狱司官职的上书被采纳，朝廷破例提拔他为扬州的小官（时定当官年龄 25 岁）。后经人推荐，入京为官。朱异"行文落笔，审核决断，周到敏捷"，办案干练，深受萧衍赏识，步步高升。做了散骑常侍，执掌朝廷机要，直至晋升为中领军，是梁武帝面前的大红人。

朱异善于窥测武帝心意，曲意阿谀献媚，造成武帝决策错误。当初侯景投梁，群臣多数不同意接收，是朱异助萧衍"引狼入室"；后来有人举报侯景叛梁趋向，朱异压而不报，朝廷没有对侯景叛梁做出准备，酿成大祸。朱异受到指责，愧愤而死。梁武帝按照朱异的遗愿，追赠朱异尚书官职。

朱异不只是权臣，更是媚臣。死后却被武帝加封。"萧衍为庸主，朱异为佞臣，昭然史册"。我看亦然。范云与朱异对照，可谓"红白分明"啊！

八、北书（《魏书》《北齐书》《周书》）

《国书》悲歌

——读《魏书·崔浩列传》

一手好字留皇宫，善卜吉凶受帝宠。

出谋划策辅太子，劝阻伐宋求和平。

被罢还家又复起，支持北征官职升。

《国书》刻石遭灭族，悲歌一曲剧难终。

崔浩，山东武城人。北魏初期"三朝元老"，官至司徒。后主编北魏当代史《国书》，记录了一些鲜卑贵族"不典雅"之事，并且用石刻把这些暴露在交通要道上。因此被处以极刑。

（"南北书"阅读完毕 2012 年 6 月 4 日）

九、《南史》

《南史》《北史》胜过"南北书"

　　《南史》是记述南朝历史的纪传体史著。记事起自南朝宋武帝刘裕永初元年（420 年），止于陈后主陈叔宝祯明三年（589 年），共记述南朝宋、齐、梁、陈四代一百七十年的历史。《北史》则是记述北朝北魏、北齐、北周及隋朝历史的史书。《南史》与《北史》为姊妹篇，由李大师及其子李延寿两代人编撰完成的。

　　李大师（570 年—628 年），相州（安阳）人。南朝末期由隋入唐的历史学家。他认为南北朝时期各朝的断代史，彼此孤立，记事重复，又缺乏联系。打算采用编年体撰写《南史》和《北史》，南朝和北国各代的历史分别编入两部史著之中。隋末，李大师曾在窦建德建立的夏政权任职，唐初被流放，未能完成两史。后由其子、唐初史学家李延寿撰成，合称《南北史》。

　　《南史》以《宋书》《南齐书》《梁书》及《陈书》为本，删繁就简，重新编纂。成书于唐高宗显庆四年（659 年），共八十卷，其中本纪十卷，列传七十卷。

　　《北史》和《南史》一样，是在删节《魏书》《北齐书》《周书》和《隋书》基础上形成的。共一百卷，其中本纪十二卷，列传八十八卷。起于北魏道武帝登国元年（386 年），止于隋恭帝义宁二年（618 年），记述北魏（含东魏西魏）、北齐、北周和隋四个封建政权二百三十三年的历史。

　　《白话二十五史（精选）》的编者认为，《南北史》的价值和质量要高于原来南北朝各代的断代史。我读了《白话二十五史（精选）》选编的《陈后主本纪》《谢灵运列传》《傅縡列传》和《高祖神武帝本纪》（高欢的传记）《尔朱荣列传》，觉得这几篇写得都比较好。

一衣带水

《南史·陈后主本纪》记载：

后主讳叔宝，字元秀，小字黄奴，宣帝嫡长子也。……后主愈骄，不虞外难，荒于酒色，不恤政事，左右嬖佞珥貂者五十人，妇人美貌丽服巧态以从者千余人。常使张贵妃、孔贵人等八人夹坐，江总、孔范等十人预宴，号曰"狎客"。先令八妇人襞采笺，制五言诗，十客一时继和，迟则罚酒。君臣酣饮，从夕达旦，以此为常。而盛修宫室，无时休止。税江税市，徵取百端。刑罚酷滥，牢狱常满。

隋文帝谓仆射高颎曰："我为百姓父母，岂可限一衣带水不拯之乎？"

隋文帝志在必得，为"拯救""一衣带水"的江那边受苦受难的南陈老百姓，派晋王杨广为元帅，率领五十万大军渡江南下，向陈朝的都城建康发动猛烈的进攻，并很快就攻下建康，俘获了陈后主，灭掉了陈朝。

陈后主的昏庸荒淫、隋文帝的志在必得，预示着南陈必然灭亡。此篇本纪也是"一衣带水"一词最早的出处。

浪荡公子谢灵运

谢灵运被尊为南朝著名诗人，"是扭转玄言诗开创山水诗的重要诗人"。实际上他是一个地地道道的浪荡公子。

一是不干事、爱奢华。其祖父是晋车骑将军，按惯例授予谢灵运"员外散骑侍郎，没有就职，做琅琊王的大司马行参军"，"谢灵运喜欢豪华奢侈的生活，车马服饰新美华丽，衣物也多改变旧的样式加以创新"。后"调做秘书丞，由于犯事被免官"。

二是随意杀人。刘宋时期做"相国从事中郎"等职，"由于犯了随意杀死门生罪被免官"。

三是不干公务，游玩赋诗。自感怀才不遇，做永嘉太守尽情地四处遨游玩乐，作诗歌咏，不办公务，后装病离职。

四是肆意奴役百姓，修建私宅。谢灵运继承了祖父的资产，家业丰厚。做了"秘书监"后，"开山淘湖，工程劳役没有停止过。""在住宅里挖池塘植树木，栽竹子种果树，驱使民众充当公家的劳役，一切都没有固定的日期和限度。""游乐宴会，以夜继日"。又被免除官职。

五是横行放肆，没有人管得了。结果，最后遭纠弹，想叛逃。企图在流放广州路上求人解救，事败，被杀。

浪荡公子被杀，可怜吗？

恶蛇傅縡

《南史》六九卷说，傅縡（zài）下笔成文，从不起草，深受陈后主重视。但他"自负有才任性，轻易地便欺凌侮犯别人，朝中士人对他多含恨在心"。后终遭谗毁，被赐死狱中。《傅縡列传》最后说："傅縡虽然刚直有才学，但是为人恶毒傲慢，遭到当代人的记恨。他死了之后，有条恶蛇卷曲着尾巴爬上灵床，受灵前的祭奠，爬走了又爬回，持续百多天。"

此描写，岂不是说傅縡是恶蛇吗？

十、《北史》

细节见人品

——读《高祖神武帝本纪》

《高祖神武帝本纪》把高欢捧上了天，说他"仁慈宽恕，爱赏士人"，"尊奉天子，匡扶国家，为天下百姓立了大功"。

依我看，非也！高欢是个虚伪而奸诈的政客。且不说是他逼走了魏孝武帝，根本不是真心"尊奉天子"，《北史》中有两个细节，说明他非常奸诈。

司空高乾暗中写信给高欢，说魏孝武帝对他有猜疑之心。高欢把这封信封起来上奏魏主，孝武帝就杀了高乾。乾弟高昂投奔高欢，借刀杀人的高欢抱着高昂的头大哭说："天子竟然无故杀了司空！"马上派人到高乾家中吊唁。害人之人装得像没事人一样。不久，高乾的另一个弟弟高慎也投奔了高欢。从此孝武帝与高欢有了隔阂。

高欢与尔朱兆是两次缔结盟誓的干兄弟，后来高欢讨伐尔朱兆，逼得尔朱兆上吊自杀身亡。高欢亲自前来祭奠，并厚葬了他。

逼死了人之后来唱挽歌，太虚伪了！

（《南北史》选读完毕 2012 年 6 月 8 日）

十一、新旧《唐书》

新旧《唐书》 各有所长

唐朝（618 年—907 年），是中国历史上统一时间最长，国力最强盛的朝代之一。618 年李渊称帝建立唐朝，定都长安。627 年，唐太宗李世民登基后开创了"贞观之治"，此后武则天以周代唐。712 年，唐玄宗李隆基即位，先有"开元盛世"，后有"安史之乱"。从此，唐朝国力日趋衰败。859 年爆发唐末农民起义，经过黄巢的打击，唐朝统治名存实亡。907 年，曾参加黄巢起义后降唐的朱温逼唐哀帝李柷禅位，改国号梁，是为梁太祖，改元开平，定都于开封。唐朝灭亡。唐朝共历 289 年，20 位皇帝。

五代后晋高祖石敬瑭 941 年命宰相赵莹组织编撰《唐书》，945 年成书时刘昫为宰相，所以署名"刘昫等奉敕撰"，实际上参加撰写的张昭远、贾纬等才是真正的作者。

到了宋仁宗，嫌后晋官撰《唐书》浅陋，下诏重修。先后参与其事的有欧阳修、宋祁等，其中列传主要由宋祁负责，其他由欧阳修负责。成书后被称为《新唐书》，后晋版则称《旧唐书》。《新唐书》的"志"增加了《兵志》《选举志》等内容，其他"志"也增加了新资料，质量在《旧唐书》之上，同时，还增补了一些晚唐人物的列传。但《新唐书》对《旧唐书》大量删减，失去了许多可贵的资料，而且，有时过分追求文字的简省，导致叙事不明。总的说，新旧《唐书》各有优劣，不可厚此薄彼。

唐高祖论教道

据《旧唐书》卷一《高祖本纪》记载，由于京师的佛寺、道观混乱，武德九年（626 年）五月，唐高祖李渊专门下诏，拟对佛寺、道观进行整顿。这道诏书阐述了唐高祖对佛教和道教的认识，故我谓之为"唐高祖论教道"，现摘录如下：

释迦牟尼阐明教义，将清静放在首要地位，主张远离尘世，断除各种欲念……

释迦牟尼辞世后，佛法流行，每到一个朝代的末期，国势衰落，就逐渐会出现破坏规矩、滥竽充数的现象。于是有卑贱之徒，企图提高自己的地位，有懒惰不务正业的人，苟求逃避徭役，胡乱剃发为僧，名为出家，嗜好与欲望却永远没有满足之时，谋求财富从不止息……。佛教之地，本称"净居"，是修身养性的处所，理应崇尚幽静。近代以来，建造寺庙，大多不寻找安静空旷的地方，……有的寺庙与市场旅馆相连，同肉铺酒肆邻近，弄得乌烟瘴气……有损于对佛的崇敬之意。况且老子的教化传留后世，本以淡泊清静为贵，要求人们培养高尚的志趣，清静无为，忘却世情，置身物外……。奔走世事，特别有悖于道家的宗旨。

为此，唐高祖提出了对佛、道进行整顿的具体要求，尽管"这事最后没有实行"。

唐高祖对佛、道和当时存在问题的认识是比较端正和清醒的。联想现在佛道存在的一些状况，与唐初也有一些相似之处，是否值得认真思考一下呢？

唐太宗的高明之处

——读《旧唐书·太宗本纪》

在历代帝王中，秦皇、汉武、唐宗、宋祖被公认为比较有作为的君王。而这四大帝王中我认为唐太宗李世民比另三个略高一筹。起码有三个方面比秦始皇、汉武帝及宋太祖要高明得多。

一是"温和"的内外政策，与秦皇的"暴政"治国、汉武的"武力征服"高明得多。李世民对内采取了一系列以农为本，厉行节约，休养生息，文教复兴，完善科举等政策；对外平定外患与安抚边族相结合。使唐朝出现了一个政治清明、经济发展、社会安定、边境和平的治世局面，史称"贞观之治"。为唐朝成为中国历史上统一时间最长，国力最强盛的朝代之一打下了基础。后人称唐朝是继秦汉、隋以来，第一个"不筑长城"的统一王朝；"作为中国版图和文化的真正奠基人，唐王朝彪炳千古。"唐朝之盛，"汉宋莫及"。而唐朝兴盛之基应该说来源于李世民及其推行的正确的内外政策。

二是"开明"的选人用人和决策机制，要比秦皇的"顺昌逆亡"和宋祖的"哥们义气"高明得多。"温和"的内外政策能够得以贯彻实施，关键是李世民有一套"开明"的用人和决策机制。正如《旧唐书》卷二中作者所说："臣观文皇帝，创业立功，才能出众，聪慧多智，精明威武。选拔人物不对自己的同伙有所偏私，胸有志向、事业的人都能充分发挥自己的才能，所以屈突通、尉迟恭，由仇敌变为愿意竭尽全力；马周、刘洎（jì），自关系疏远而最终委以宰相的重任。终于使天下太平，实因为这个道理"。在决策上"太宗的听言断事不迷惑，从善如流，千载之间，可以说只有一人而已！"

三是"明智"的"神仙观"和"生死观"，比秦皇汉武求神拜仙、乞求"长生不老"高明得多。唐太宗认为"生与寿都得之于自然,是不能够分外企求的"(见《旧唐书》卷三)。他曾经对身边的臣子说:"神仙的事本来虚妄,不过空有其名。秦始皇不安分地爱好神仙,于是被方士欺骗,便派童男童女数千人随徐福入海求仙药。方士为躲避秦朝暴政,留在那里不回来,始皇还在海边徘徊等待他们,后来回到沙丘便死了。汉武帝为求神仙,就把女儿嫁给有道术的人,后来事情既无效验,便杀掉方士。根据这两件事,神仙是不必劳神去妄求的"。

唐太宗信人不信神,他以人为本,关注民生,尊老怀旧,选贤纳谏,依靠人的聪明才智,创造了"贞观之治"。唐太宗虽未"长生不老",却是"名垂千古"。

隋唐英雄　悲哀下场

《旧唐书》为不少农民起义将领作了传,把他们当成了真正的"隋唐英雄",放在了列传很靠前的位置。《旧唐书》列传第三、四、五、六卷中分别记载了李密、窦建德、刘黑闼、杜伏威等隋末农民起义将领的事迹。《新唐书》卷二二五为《黄巢传》。

窦建德(573年—621年),山东武城人。世代为农。611年,他的全家被隋军屠杀,于是率领二百人参加农民起义军,他所投奔的义军首领高士达自认为智谋赶不上窦建德,把军队全交给窦建德指挥。窦建德招收贤能,与士卒同甘苦,很多人前来归附,到616年已有士兵十万余人。617年,在乐寿(献县)建国,自称长乐王。618年,自称夏国王。619年,消灭宇文化及,自称夏帝。在隋末农民起义领袖中,窦建德是一个最杰出、最有器局的人物,声势日盛,夏成为河北地区的大国。但称帝后,他的骄矜气滋长,曾听信谗言,杀害大将王伏宝和直臣宋正本,最后走上败亡的道路,被李世民消灭。

黄巢,曹州人。世代卖盐,富甲一方。他擅长击剑和骑射,略通文书，能言善辩，喜欢收养逃亡的人。唐僖宗乾符二年（875 年），聚众数千人响应王仙芝起义。878 年王战死，众人推黄巢为王。880 年攻陷洛阳，挺进长安，唐僖宗逃往成都，黄巢在长安即皇帝位，建立大齐政权。由于起义军采取流动作战方式，所经之地，不设兵防守，进入长安不久就被唐军包围。883 年，沙陀族李克用联合各方镇军队攻入长安，黄巢率军逃往河南，第二年兵败自杀。

隋唐末年轰轰烈烈的窦建德、黄巢等农民起义都以失败而告终。其原因之一，是建立政权后（窦建德建"夏"，黄巢建"大齐"），不能巩固政权。或因骄横众叛亲离，或因失策防守不力，在强敌面前或不战而败，或仓忙出逃，最后失败身亡，留下的只是千古遗恨和血的教训。

唐朝名将郭子仪

唐代是我国封建社会的鼎盛时期之一，人才辈出。在军事将领中，有李孝恭、李靖、李勣（jì，徐懋功）、阿史那社尔、薛仁贵、郭子仪、李光弼、李晟（shèng）、韦皋及李愬（sù）等十大名将（十大名将说法不一，以上摘自杨微《大唐盛世—唐代名将》）。他们有的为大唐的建立征战四方，有的在维护边疆安全中战功累累，有的在维护中央统治，对地方藩镇的战争中屡立战功。

郭子仪（697 年—781 年），陕西华县人，中唐名将。以武举高第入仕从军，累迁至九原太守、朔方节度右兵马使。天宝十四载（755 年），"安史之乱"爆发后，任朔方节度使，率军收复洛阳、长安两京，功居平乱之首，晋为中书令，封汾阳郡王。代宗时，又平定仆固怀恩叛乱，并说服回纥首领，共破吐蕃，朝廷赖以为安。郭子仪身兼将相，先后侍奉玄宗、肃宗、代宗、德宗四帝，戎马一生，屡建奇功，大唐因有他而获得安宁达 20 多年，举国上下，享有崇高的威望和声誉。年八十五寿终。他有八个儿子、七个女婿，都在朝廷中地位显赫。孙子有几十人，不能都认识，到请安时，只能点点头表示。

郭子仪一生富贵寿终，有哀有荣，是因为身为臣下应该做的一切他确实做得十分完备。不信，你看看《打金枝》，郭子仪是怎样处理君臣关系的。

（两《唐书》选读完毕　2012 年 8 月 18 日）

十二、新旧《五代史》

史官重史　文官尚文

——读新旧《五代史》

《五代史》是记述"五代十国"时期重大史事的"正史"。

唐哀帝四年（907 年），朱温取唐而代之，建立了后梁。从此以后，五十多年间，中原地区相继出现了后梁、后唐、后晋、后汉、后周政权。中原以外还相继或同时出现了吴、南唐、吴越、闽、楚、南汉、前蜀、后蜀、南平、北汉等十个割据政权，因此称这一时期为"五代十国"。

《五代史》有《旧五代史》和《新五代史》之分。

《旧五代史》，是由宋太祖诏令编纂的官修史书。薛居正监修，卢多逊、扈蒙、张澹、刘兼、李穆、李九龄等参加编撰。因有范质的《五代通录》为蓝本，又有各朝实录可参考。成书很快，一年多就完成了编撰工作。该书按五个朝代的更替次序编排，按五代断代编为《梁书》《唐书》《晋书》《汉书》和《周书》。共一百五十卷，纪六十一，志十二，传七十七。《旧五代史》，原名《五代史》，也称《梁唐晋汉周书》，后人为区别于欧阳修编撰的《新五代史》，故称《旧五代史》。

《新五代史》为欧阳修所撰，原名《五代史记》。欧阳修，字永叔，号醉翁、六一居士，是北宋古文运动的领袖，唐宋八大家之一，也是著名的史学家，奉命和宋祁领衔编撰《新唐书》。崇儒复古是他的政治主张，也是他修史的指导思想。他意秉承孔子的《春秋》笔法、"褒贬"义例，对《旧五代史》改编重修。在编排体例上，推翻《旧五代史》一朝一史的基本格局，取法《南史》《北史》，打破朝代界线，把五朝的人事综合统编在一起，按时间顺序排列。全书共七十四卷，包括本纪十二卷、列传四十五卷、考三卷、世家及世家年谱十一卷、四夷附录四卷。

《旧五代史》史料价值较高，但文字润色稍差，缺乏推敲之功，在这一点上当然比不上大文学家欧阳修编撰的《新五代史》。因此说，新旧《五代史》各有所长，可以互补。

猜忌与叛逆

——读《刘知俊列传》

五代名将刘知俊，字希贤，沛县人。初为徐州镇时溥部将，因受猜忌投奔朱温。历任徐州马步军都指挥使、怀州、郑州刺史、同州节度使等职，进封大彭郡王。又因声望过高再遭朱温猜忌，遂据同州反叛。兵败后先后投靠凤翔节度使李茂贞、前蜀王建，均遭猜忌。最终为王建所杀。这正是：

> 旧主猜忌换门庭，
> 新主更在猜忌中。
> 峣峣易折莫叛逆，
> 不忠之臣难善终。

英才早逝

——读《旧五代史·罗绍威列传》

罗绍威，大名人。其父罗弘信为魏博节度使。绍威继承父位后，又被唐昭宗进封为邺王。他见唐朝国运衰落，割据群雄混战，朱温定然会取而代之。一心想归附朱温，又怕牙军变乱。在朱温的支持和帮助下，诛杀本镇牙军八千余家，平定了本镇反叛势力，归顺了朱温，并劝朱温早日称帝代唐。后梁建立后，深受朱温器重，加官守太师，兼中书令，封邑一万户。这个年轻的"万户侯"在魏博担任主帅十七年，三十四岁时病死，朝廷为此停朝三天，追赠他为尚书令。

混王王镕

——读《王镕列传》

王镕（873 年—921 年），五代十国初期赵国的君主，朱温的儿女亲家。朱温篡唐建梁后，封王镕为赵王，在镇州（正定）建立赵王国。王镕与梁国结盟，局势相对稳定。因而他不思国政，"整天以嬉游为事，……过着太平优裕的生活，日子久了，迷上了歪门邪道"，信道、信佛，修寺建观，炼丹访仙，"扰得百姓疲惫不堪"。921 年正月，王镕从西山游玩回府途中，宦官石希蒙和将领李宏规闹矛盾，李杀了石。王镕回到镇州赵王宫后，诛杀了李及其家族，导致发生兵变。王镕正在和道士焚香受箓，士卒们杀死王镕，焚烧赵王宫，王镕姬妾数百人有的投井而死，有的投入火中被活活烧死。

王镕贪图享乐、目光短浅、不思进取，是个治国无为的混世之王。

伴君如伴虎

——读《康君立列传》

康君立（847 年—894 年），行唐县人。世为边豪，僖宗李儇乾符年间，为云州（今山西省大同市）牙校，后与薛铁山、程怀信、王行审等共推举李克用为大同军防御留后，授左都押牙。入关之后，参与镇压黄巢起义军。历受任检校工部尚书，汾州刺使，昭义节度使等。893 年，奉李克用之命，平定在邢州叛变的李存孝，以功加官检校太保。九月康君立到了太原，李克用会集众将饮酒，席间提到存孝的事，还止不住流泪，坐在李克用身边的康君立由于一句话不合李克用的意，便被用毒酒毒死，终年四十八岁。

呜呼，真是伴君如伴虎啊！

孝子张希崇

——读《张希崇列传》

张希崇，幽州蓟县人。后唐明宗时，曾历任汝州防御使等职。据《旧五代史》记载，张希崇到任汝州后，"派人迎接母亲来州城，母亲进入州境之后，张希崇亲自抬着轿子走了三十里，围观的人无不感叹"。"希崇一向朴素淳厚，尤其爱读书，公事之余，手不释卷，不喜欢饮酒和音乐，不纳姬妾和僮仆，不管严寒酷暑，都是衣冠整齐，家中做杂务的人，从未听到他说过淫纵傲慢的话。侍奉母亲最为谨慎，每次吃饭，他都侍立一旁，等到洗漱罢才退下去，舆论对此评价很高"。

百善孝为先，张希崇是样板。

蝗虫换米

——读《赵莹列传》

赵莹，陕西华阴人。长期任后晋高祖石敬瑭的幕僚，官至宰相，曾主持编纂《旧唐书》。他出任晋昌军节度使时，天下发生大蝗虫灾害，他命令本境内凡是捕蝗虫的人，缴获蝗虫一斗，就给其粟米一斗，这样，使饥饿的人都渡过了灾荒，远远近近的人都对此很赞许。

"儿皇帝"的走卒也关心老百姓，值得赞许！

沙陀部起源

——读《唐庄宗本纪》

五代时期，后唐、后晋、后汉三个朝代的皇帝是沙陀部人。关于沙陀部的起源，说法不一。在《唐庄宗本纪》中，欧阳修认为沙陀部不是少数民族中独立的部族，而是西突厥的一个分支。

《唐庄宗本纪》用了近一半的篇幅，探讨了沙陀部的起源及李存勖之父李克用起家过程。书中说，李存勖的祖先是西突厥最小的支系处月部族的一个小分支。到了后世，另立名号为沙陀，以朱邪为姓。李存勖的太祖父叫朱邪尽忠，唐德宗时住在北庭。后来，吐蕃赞普攻陷了北庭，朱邪尽忠战死，其子也就是李存勖的曾祖父执宜一人逃脱投唐，随河西节度使转镇太原，驻守神武川的新城。他的部落有一万名骑兵，都是骁勇善骑射的士卒，号称"沙陀军"。这大概就是沙陀的起源。

李存勖的祖父叫朱邪赤心，因参加平定庞勋有功，被赐姓名李国昌，这便是朱邪改姓李的由来。后来，因李国昌拒绝唐朝廷的任命，李存勖的父亲李克用杀了大同防御使段文楚，占据云州，自称云州留后。从此沙陀部侵掠北代，成了边地的祸患。到后来因镇压黄巢有功，李国昌、李克用父子被唐朝廷封官。逐步成为五代时期争霸的一股强大势力，最后灭亡朱温，建立了后唐。

后晋高祖石敬瑭也是沙陀部人，其父原是西夷人，后跟随朱邪氏入唐。后汉高祖刘知远也是沙陀部人。石敬瑭、刘知远同为后唐军将，先后侍奉李克用、李存勖和李嗣源。李存勖、石敬瑭、刘知远的"根据地"又都是太原，他们相继建立了三个王朝，成为沙陀部为数不多的三个皇帝。不幸的是，他们中有两个是"儿皇帝"。

《新五代史》中的开国皇帝

《新五代史》一书对五代时期的五个开国皇帝的记述写得相当好，不仅重视了历史事件的叙述，而且准确形象地描写出了几个帝王的个性和特点，读后如见其人。

朱温的凶残与狡诈

后梁太祖朱温（852 年－912 年），安徽省砀山县人。幼年丧父，家贫，随母到富家当雇工。877 年参加黄巢起义，屡立战功，很快升为大将，任同州防御使。唐将王重荣围困同州，朱温求援，黄巢未回应，朱温叛变降唐。唐僖宗任朱温为左金吾卫大将军，赐名"全忠"。883 年又被授以宣武军节度使。因镇压黄巢有功，先后被封为东平王、梁王等。901 年昭宗被宦官韩全诲劫往凤翔，朱全忠起兵进攻凤翔，903 年护送昭宗回到长安。904 年，朱全忠逼迫昭宗迁都洛阳，后派人杀了昭宗，另立唐昭宣帝。907 年废唐称帝，建后梁，都开封。912 年被三子朱友珪刺杀，享年 61 岁。

《白话二十五史》"说明"中说，在朱温身上"集中体现出军阀的凶残，政客的狡诈，皇帝的荒淫"。

《梁太祖本纪》中记载，朱温迎唐昭宗从凤翔回长安后，一次杀死宦官七百多人。逼迫唐昭宗东迁洛阳时，在路上把唐昭宗的随从二百余人全部杀死，换成他的人。朱温之子朱友伦打马球时从马上摔下来死去，朱温认为是宰相崔胤杀死的，派朱友谦在京师杀死崔胤，那些与朱友伦打马球的人，全部杀死。朱温之凶残可见一斑。

朱温一心想篡位，却装得对唐帝十分忠诚。唐昭宗返京，"梁王亲自为太子牵马缰绳，一边流泪一边行走，走了十几里，才止步。"天子赐梁王为"回天再造竭忠守正功臣"。时隔不久，朱温派朱友恭等人杀死了唐昭宗。事后又把朱友恭等杀死。他找了"替罪羊"，赢得新天子唐昭宣帝的信任，赐他"迎銮记功碑"。朱温就是这样狡诈，为篡权称帝不择手段。

但在《新五代史》中，对朱温的凶残、狡诈揭露得很不够，对其荒淫行径未涉及。其他史书和民间传说多数认为，朱温荒淫乱伦到让儿媳侍寝，后被儿子朱有珪所杀。但《新五代史》卷一《梁太祖本纪》末尾只说，六月，梁太祖病重，朱友珪谋反。戊寅日，梁太祖去世。

李存勖的勇猛与戏瘾

后唐庄宗李存勖（885 年－926 年），山西雁门人，唐末河东节度使、晋王李克用的长子。

李存勖自幼喜欢骑马射箭，胆力过人，少年时就随父作战，冲锋陷阵，勇猛无敌。908 年正月李克用病死，李存勖袭晋王位。办完丧事，他立即率军从晋阳出发，乘大雾突袭围潞州的梁军，大获全胜。

公元 911 年，李存勖在高邑打败了朱全忠亲自统帅的 50 万大军。接着，攻破燕地。九年后又大破契丹兵，将耶律阿保机赶回北方。经过十多年的交战，于 923 年攻灭后梁，统一北方，建立后唐。

李存勖在战场上出生入死，不惜生命，是员勇将。《新五代史》还说他"尤喜音声歌舞俳优之戏"，《唐庄宗本纪》没有具体记述。有关资料介绍，李存勖戏瘾非常大，不光喜欢看戏，有时还亲自登台过过瘾，并自取艺名为"李天下"。伶人受到李存勖的宠幸，可以自由出入宫中和皇帝打打闹闹，侮辱戏弄朝臣，群臣敢怒而不敢言。有的朝官和藩镇为了求他们在皇帝面前美言几句，还争着送礼巴结。李存勖还用伶人做耳目，去刺探群臣的言行，置身经百战的将士于不顾，而去封身无寸功的伶人当刺史。同时，李存勖又派伶人、宦官抢民女入宫，有一次，竟抢了驻守魏州将士们的妻女1000多人，搞得众叛亲离，怨声四起。926年在洛阳兵变中被杀。

石敬瑭的廉洁与卖国

后晋高祖石敬瑭（892年—942年），沙陀部人。初为后唐李克用义子李嗣源帐下军将。时值朱温与李克用、李存勖父子争雄，石敬瑭冲锋陷阵，战功卓著。他先后解救李存勖、李嗣源于危急之中，成为李嗣源之心腹。李嗣源把女儿永宁公主嫁给他。后官至河东节度使，镇守太原。936年，不从后唐废帝调动，割让幽、云等十六州，勾结契丹灭后唐，被契丹册封为皇帝，建都开封。942年去世。

《新五代史》记载，石敬瑭为人深沉厚重，寡言少语。作战英勇，战功卓著。由于石敬瑭在李嗣源发动的军事政变中立功颇大，李嗣源称帝后任他为保义军节度使，赐号"竭忠建策兴复功臣"兼六军诸卫副使。当时，许多官将都不奉公守法，而石敬瑭以廉政闻名，颇受明宗李嗣源褒奖。后又赐封为"耀忠匡定保节功臣"。就是这个"廉政模范""保节功臣"，却节义不保，卖国求荣，割燕云十六州给契丹，承诺每年给契丹布帛30万匹，认贼作父，当了"儿皇帝"。

刘知远的投机与虚伪

汉高祖刘知远（895年—948年），沙陀部人。初为后唐军将，和石敬瑭一起侍奉后唐明宗李嗣源。后随石敬瑭起兵太原，有开创后晋基业之功，官至河东节度使，封北平王。947年契丹灭后晋，他在太原称帝，后进据中原，建都开封，国号汉，史称后汉，次年去世。

936 年，石敬瑭建立后晋，刘知远历任检校司空、侍卫马步都指挥使、点检随驾六军诸卫事、河东节度使等职，日趋显贵。石敬瑭当了七年儿皇帝，942 年死去。养子石重贵即位，是为出帝，刘知远也迁检校太师，进位中书令，后"又加官守太尉，但知远并没有出兵打仗"。刘知远在这段时期的主要意图是称霸河东，成就王业。而石敬瑭对他有知遇之恩，马上就与出帝反目，又显不"仁"不"义"，还需要等待时机。他一方面与契丹勾结，奉表称臣，耶律德光赐给木棍，称他为儿。另一方面广募士卒，养精蓄锐，加紧称帝的准备。

后晋开运三年（946 年），耶律德光率契丹军大举进兵，攻入开封，石重贵投降，后晋灭亡。刘知远看准时机，947 年在太原称帝，建立了后汉政权。他没有改年号，也没有沿用出帝的开运年号，而是延用石敬瑭的年号，称天福十二年（947 年）。欧阳修在《新五代史》中揭穿了刘知远改元的目的，说刘知远改元的用意是"对出帝不再有君臣的名分了，而是幸灾乐祸的图私利，这是他的一贯思想，怎能不令人感叹呢？"

石敬瑭认贼作父当"儿皇帝"，被后人所唾弃。而刘知远接受了契丹皇帝的木棍，成了耶律德光的儿子，也是不折不扣的"儿皇帝"，却不见有人指责，原因何在?我认为可能与刘知远善于投机和虚伪有关，他不改元，给人以假象，似乎他只是继承了石敬瑭的事业，而卖国与他无关。后汉历时很短，也许是另一个原因。刘知远做皇帝后，不到一年就死了，其子汉隐帝刘承佑继位三年后被杀，后汉灭亡，父子两个一共只干了四年，是历史上最短命的朝代。

郭威的勇敢与忠厚

周太祖郭威（904 年—954 年），邢州尧山人。《白话二十五史（精选）》没有选入郭威的本纪，但选了《周世宗本纪》。

郭威，平民出身，在作战中勇猛顽强，敢于冲锋陷阵。由普通士兵成长为将领，最后又当上了皇帝。他为人忠诚厚道，克己奉公，是一位历史上公认的清廉勤政的好皇帝。

郭荣是郭威的内侄、养子。951 年，郭威魏州起兵，入京称帝、授郭荣为檀州刺史、同中书门下平章事等官职。

954 年，周太祖郭威去世，郭荣即皇帝位，是为周世宗。

丑貌与铁砚

——读《桑维翰列传》

据《新五代史》卷二九《桑维翰列传》记载，桑维翰容貌丑陋怪诞，身材短小而脸形狭长，他常对着镜子自感奇特，说道："七尺长的身躯，不如一尺长的脸面。"因此慨然有感，立志做至公辅的官位。开始考进士的时候，主管官员厌恶他的姓，因为"桑"与"丧"是同音，别人劝他另选途径求官，他很感慨，就写了《日出扶桑赋》，以表达自己的志向。他还铸造了铁砚让别人看，说道："铁砚磨穿了，我就以其他途径求官。"到底还是考中了进士。

丑陋的面容，"丧门"的姓氏，是本人无法改变的，但命运完全可以掌握在自己的手中。桑维翰靠"铁砚不穿志不改"的顽强意志，经过不懈努力，最终圆了自己的梦，就是一例。当然，桑维翰后来帮石敬瑭卖国求荣、当儿皇帝，那是另一回事了。

（新旧《五代史》选读完毕　2012 年 9 月 20 日）

十三、《宋史》

正史之冠　文治盛世

——宋朝和《宋史》

宋朝（960 年—1279 年）是中国历史上承五代十国、下启元朝的时代，分为北宋和南宋。960 年，后周大将赵匡胤陈桥兵变、黄袍加身，建立宋朝。真宗、仁宗时期步入了盛世，北宋初期加强了中央集权，解决了藩镇割据问题。中期出现了社会危机，经过王安石变法得以缓解。1127 年，金兵攻陷汴京，徽、钦二帝及皇室人等被掳去金国，北宋遂亡。宋高宗赵构南迁建立了南宋。南宋后期，抗敌战争连年，到 1276 年，元朝军队占领临安，1279 年 8 岁的小皇帝赵昺被大臣陆秀夫背着跳海而死，南宋残余势力被元朝消灭。

由于受杨家将、岳家军等抗金文艺作品的影响，人们往往看宋朝腐败无能的一面较多，而对这一时期政治、经济、文化、科技等方面的发展了解较少。

《白话二十五史（精选）》前言说，北宋、南宋两朝立国三百余年，是中国封建社会一个重要的历史时期。在这一时期，专制主义中央集权制日益加强，农业、手工业、商业等经济领域都得到了很大发展，科学技术方面出现了新的创造和发明，军事科学和武器装备得到改进，哲学方面出现了总结性的成果。文学方面人才辈出，史学上在修史体裁和史学作品的数量、质量方面都进入了新的发展阶段。甚至有人认为，两宋时期民族融合和商品经济空前发展，对外交流频繁，文化艺术发展迅速，是中国历史上的黄金时期。

正因如此，作为记载宋朝历史史事的官修史书——《宋史》的篇幅之多也相应地占据了二十五史之冠。《宋史》撰修于元朝末年，由丞相脱脱和阿鲁图先后主持其事。全书有本纪四十七卷，志一百六十二卷，表三十二卷，列传二百二十五卷，共计四百九十六卷。

《白话二十五史（精选）》从这部历史巨著中，精选了宋太祖赵匡胤的本纪和范仲淹、包拯、欧阳修、王安石、沈括、苏轼、岳飞、朱熹等八人的列传。在宋朝众多的出类拔萃的历史人物中，这几个人可以算的上各方面人士的杰出代表，要把这几篇通读一遍。《白话二十四史（精华）》选读《钦宗本纪》和《李宸妃传》两篇。读《太祖本纪》《钦宗本纪》和这几篇列传，对宋朝就可以有个大概的了解。

文治明君赵匡胤

《白话二十五史（精选）》"前言"说："宋朝的建立，结束了唐末五代以来的混乱局面。在完成这一历史任务的众多人物中，开国君主赵匡胤最为重要。"所以，在《宋史》四十七卷本纪中，白话精选本"不惜篇幅，选择了《太祖纪》"。

宋太祖赵匡胤（927年—976年），涿州人，出生在洛阳。青年从军，后周显德六年（959年）升至殿前都点检。显德七年（960年）初，发动陈桥兵变，建立宋朝。先后平定了后周旧臣叛乱、消灭了后蜀、南唐等割据政权，基本上结束了五代十国五十多年的混乱局面。之后制定和实施了一系列政策制度，加强了专制主义中央集权的统治，为宋王朝的长期统治奠定了基础。976年去世，终年五十岁，在位十七年。

《太祖本纪》共三卷，可分为"身世""兵变""平叛""征伐""治国""去世"和"评价"七部分。

　　赵匡胤在位期间，加强中央集权，提倡文人政治，开创了中国的文治盛世，是一位英明仁慈的皇帝，是推动历史发展的杰出人物。《太祖本纪》说："太祖皇帝天性孝敬父母，友爱兄弟，节约俭省，秉性任其自然，不故意矫揉造作以掩饰自己。"并列举了"便装出行""开门见心""诚以待人""赏罚严明"的四件事说明了赵匡胤的坦荡胸怀。用皇宫苇帘的简陋、太祖衣着的俭朴说明赵匡胤的清廉。还记述了赵匡胤喜爱读书、器重读书人以及多次探望患病大臣和身边人员的平易近人、关心下属的事例。最后作者评论说：太祖在位十七年时间，而把宋朝三百多年的基业，传给了子孙，世代有了常典法则。考评声教文明、典章制度之治，道德仁义之风，宋代和汉、唐相比，也没有什么可以退让之处。呜呼，创基业垂统绪的帝王，规模如宋太祖，也可以说影响很深远啊！

　　赵匡胤统治时期，吸取唐朝宦官专权、藩镇割据导致灭亡的教训，削夺了武官的权力，从而重文轻武，加强中央集权，使宋朝没有宦官专权、藩镇割据的问题。宋太祖大力兴办儒学，增加科举录取的名额。比起其他朝代，宋朝社会比较安定和公平，文学、哲学、美术、科技、教育等也比较发达。但重文轻武的结果也导致宋朝军事力量不足，和外族战争多以败仗收场。

在位一年　受罪一生

——读《钦宗本纪》

　　宋钦宗赵桓（1100 年—1161 年），是宋徽宗赵佶的长子。十五岁被立为皇太子。宋徽宗时期，奸臣当道，国力败落，民不聊生，义旗四起。1125 年，金兵南下攻宋，徽宗急忙禅位于二十五岁的钦宗。《宋史》肯定钦宗有意匡正朝纲，"可惜当时国家混乱的形势已成定局"。最终与父子妻女沦为金兵俘虏。钦宗在位一年，随后在金国度过了 35 年的俘虏生活，病死异国他乡。

《钦宗列传》结尾时说："钦宗落到这般地步，也由于他过于谦恭懦弱而不知礼义吧！皇帝在位的时间不长，而遭受的祸害极深，回顾他的这段经历，真让人伤心啊！真让人伤心啊！"在位一年，受罪一生，确实令人悲伤、同情。

宋宫奇冤　源于此传

——读《李宸妃传》

李宸妃是宋仁宗的生母。当初，宋仁宗刚生下来不久，章献太后就把他当作自己的亲生儿子，让杨淑妃抚养。宋仁宗当皇帝以后，李宸妃还是默默地置身后宫之中，没显露出任何不一样。大家都惧怕太后，也没有人敢说出来。直到太后死，宋仁宗仍不知道自己是李宸妃所生。后来，李宸妃病重，才被封为宸妃，不久就去世了。章献太后想按普通妃嫔为李宸妃出殡，宰相吕夷简请求按照最高级的礼仪为李宸妃办丧事，安葬在洪福院。章献太后死后，燕王对宋仁宗说："陛下是李宸妃所生的，李宸妃是被人害死的。"宋仁宗号啕大哭，痛不欲生。

这段记载后来被演绎为民间故事"狸猫换太子"和《宋宫奇冤》等戏曲，揭露了宫廷斗争的残酷性。

文武双全　刚直不阿

——读《范仲淹列传》

范仲淹（989年—1052年），北宋著名的政治家、思想家、军事家和文学家，祖籍邠州（今陕西省彬县），后迁居苏州吴县，官至参知政事

（副宰相）。1052 年病逝，终年 64 岁。

《范仲淹列传》可分为五个部分：

（1）身世。范仲淹，字希文，唐宰相履冰之后，父亲范墉为武宁军节度掌书记。范仲淹两岁父亡，随母改嫁朱氏，改名朱说。

（2）苦读。范仲淹曾在长白山醴泉寺寄宿读书，其时他生活极其艰苦，每天只煮一锅稠粥，凉了以后划成四块，早晚各取两块，就着醋汁拌腌菜，吃完继续读书。后来范仲淹到睢阳应天府（今商丘）书院求学，但仍然是终年吃粥。同学送他美食，他竟一口不尝，听任佳肴发霉。范仲淹珍惜书院的学习环境，昼夜不息地攻读。范仲淹的连岁苦读，数年之后，对儒家经典——诸如《诗经》《尚书》《易经》《三礼》《乐经》《春秋》等书主旨，已然堪称大通，吟诗作文，也慨然以天下为己任。大中祥符八年（1015 年）春，他通过科举考试，中榜成为进士。

（3）入仕。中进士不久，他被任命为广德军（今安徽广德县）司理参军（掌管讼狱、审理案件的官员，从九品）。接着，又调任为集庆军（亳州）节度推官（幕职官，从八品），迎母归养。29 岁，复范姓，改名仲淹。从此开始了近四十年的政治生涯。范仲淹为官伊始就不忘百姓，关心民生。先后到江南路、淮南路等灾区安抚、赈济灾民。任苏州知州时疏凿河渠、修筑海堰，为民谋利。

（4）坎坷。范仲淹历任大理寺丞、秘阁校理、太常博士、右司谏、枢密副使、参知政事等职，曾做过泰州、楚州、陈州、睦州、饶州、润州、越州、延州、耀州、杉州、邓州、青州等地方官。他为政清廉，体恤民情，刚直不阿，力主改革，屡遭奸佞诬谤，数度被贬。其中一次是因为范仲淹上书《百官图》，批评宰相吕夷简任人唯亲，被罢免天章阁待制，贬到饶州为知州。被牵连遭贬的还有欧阳修等三人。

（5）戍边。曾出任陕西宣抚史、陕西四路安抚史，抵御西夏。"范仲淹做将领，号令清楚，爱护士兵"，战功显赫，边境局势大为改观。庆历四年（1044 年）双方正式达成和议。宋夏重新恢复了和平，西北局势得以转危为安。

（6）改革。庆历三年（1043 年）九月，范仲淹呈上了著名的新政纲领《答手诏条陈十事》，提出了十项改革主张，它的主要内容是：明黜陟（即严明官吏升降制度），抑侥幸（即限制侥幸做官和升官的途径），精贡举（即严密贡举制度），择长官，均公田，厚农桑，修武备，推恩信，重命令，减徭役。宋仁宗和朝廷其他官员商量，表示赞同，便逐渐以诏令形式颁发全国，范仲淹的改革思想得以付诸实施。新政实施的短短几个月间，政治局面已焕然一新。但在一些官员的反对下，庆历五年（1045 年）初，本想励精图治的宋仁宗终于完全退缩，下诏废弃一切改革措施，"庆历新政"以范仲淹等被撤去军政要职而告终。此后，范仲淹先后知任邓州、青州。1052 年调往颍州，还没有到任便去世了，享年六十四岁。

列传记述的只是范仲淹的从政为官经历。他的文学天赋和成就《宋史》中没有记载。这是《宋史》的偏颇和不足。但是，凡是读过《岳阳楼记》的人，都不会忘记范仲淹留下的千古传诵的名句："先天下之忧而忧，后天下之乐而乐"！

断狱明敏　正直廉洁

——读《包拯列传》

包拯（999 年—1062 年），汉族，合肥人，字希仁。天圣五年进士，历任监察御史，三司户部判官，京东、陕西、河北路转运使。入朝担任三司户部副使，请求朝廷准许解盐通商买卖。改知谏院，多次论劾权幸大臣。授龙图阁直学士、河北都转运使，移知瀛、扬诸州，再召入朝，历权知开封府、权御史中丞、三司使等职。嘉裕六年（1061 年），任枢密副使。次年卒于位，终年六十四岁。

《白话二十五史（精选）》称，包拯为官以断狱明敏正直廉洁著称。

现从《包拯列传》摘录几例：

（1）辞官奉双亲。包拯自幼正直孝顺。二十八岁考上进士，为奉养双亲，两次辞官不就。直到三十六岁时父母亡故后才正式出任天长县知县。

（2）智断偷牛案。刚任天长知县，有人偷偷割掉别人耕牛的舌头，主人到县衙告状。包拯对他说："你立即回去，把牛杀掉卖肉。"不久就有人告发牛主人私宰耕牛。包拯对这个人说："你为什么割掉别人耕牛的舌头又来告发别人呢？"这个盗贼大吃一惊地认了罪。

（3）拒收端州砚。包拯升任端州知州。端州出产一种名砚，是朝廷钦定的贡品。以往的知州，总要在上贡朝廷的端砚数目之外，再多加几倍，作为贿赂京官的本钱。包拯上任之后，一改陋习，决不多收一块。离任时没有带走一块端砚。

（4）铁面包青天。包拯做官以断狱英明刚直而著称于世。知庐州时，执法不避亲党。在开封时，开官府正门，使讼者得以直至堂前自诉曲直，杜绝奸吏。立朝刚毅，贵戚、宦官为之敛手，京师有"关节不到，有阎罗包老"之语。后世则把他当作清官的化身——包青天。虽然"铡美案""下郴州"书中没有记载，但列传对包拯参倒张方平、抨击宋祁都有记述。"三司使"张方平依仗职权，假公济私，买卖产业，牟取暴利。包拯获悉之后，参了一本，张方平被罢官。宋祁，文人无行。在川为官时，生活奢靡、道德败坏，丑闻很多，却屡屡受到朝廷的重用。包拯对此非常不满，多次向皇帝上书，对宋祁的丑行大加抨击，终于罢了宋祁的官。

无论是正史的记载，还是民间传说，"包青天"永远是各级官员廉洁从政的样板！

刚毅坦荡　文章大家

——读《欧阳修列传》

欧阳修（1007 年—1073 年），字永叔，号醉翁，又号六一居士。祖籍吉安永丰，出生于四川绵阳。北宋时期的著名政治家、文学家、史学家和诗人。欧阳修四岁丧父家贫，母亲郑氏用芦苇在沙地上教他写字、画画、识字。欧阳修自幼天资聪颖，刻苦勤奋，喜爱读书，手不释卷，这为他日后倡导北宋诗文革新打下了基础。

欧阳修性格刚毅，坦荡豁达。敢于直谏，支持革新。常遭陷害，屡被贬职。景祐三年（1035 年），范仲淹上章（《百官图》）批评时政，被贬饶州。时任馆阁校勘的欧阳修为他辩护，被贬为夷陵（宜昌）县令。康定元年（1040 年），欧阳修被召复职，编修崇文总目，后知谏院。庆历三年（1043 年），任右正言、知制诰。范仲淹、韩琦、富弼等人推行"庆历新政"，欧阳修参与革新，提出改革吏治、军事、贡举法等主张。1045 年，范、韩、富等相继被贬，欧阳修上书分辩，因此被贬为滁州太守。后又改知扬州、颍州（阜阳）、应天府（商丘）。1054 年回朝，先后任翰林学士、史馆修撰、翰林学士兼龙图阁学士权知开封府、枢密副使、参知政事、刑部尚书、兵部尚书等职。因被他人诬谤，多次辞职，都未允准。后改知蔡州（汝南县），改号"六一居士"。1072 年 9 月 22 日欧阳修卒于颍州。

欧阳修既是范仲淹庆历新政的支持者，也是北宋诗文革新运动的领导者。尽管他在官场并不得意，而在文学、史学领域成就卓著。他曾与宋祁合修《新唐书》，并独撰《新五代史》。著名文学著作有《醉翁亭记》等。他与唐朝韩愈、柳宗元、宋朝王安石、苏洵、苏轼、苏辙、曾巩合称"唐宋八大家"。他和韩愈、柳宗元、苏轼被称为"千古文章"四大家。

三起三落　矢志改革

——读《王安石列传》

王安石（1021 年—1086 年），字介甫，抚州临川人。自幼喜爱读书，过目不忘；写作落笔如飞，文章精彩奇妙。文学成就突出，被称为"唐宋八大家"之一，是著名的学者、诗人、文学家。

王安石二十一岁考中进士，曾任淮南节度判官、鄞县知县、常州知州、江宁知府等职，入朝后官至宰相。他为政敢作敢为，以"天变不足畏，人言不足恤，祖宗不足法"的大无畏精神推动变法，矢志改革，是中国历史上杰出的政治家、思想家、改革家。《宋史》卷三二七《王安石列传》主要记述了王安石为推行新法，三起三落，历尽坎坷，矢志不移，执着改革的过程。

熙宁二年（1069 年），王安石出任参知政事，次年，又升任宰相。他积极倡导和推行政治、经济、军事、文化变革，推行一系列措施富国强兵，力图革除北宋存在的积弊。在财政方面有均输法、青苗法、市易法、免役法、方田均税法、农田水利法；在军事方面有置将法、保甲法、保马法等。同时，改革科举制度，为推行新法培育人才。这些措施在一定程度上限制了大地主和豪商对农民的剥削，促进了农田水利事业的发展，国家财政状况有所改善，军事力量也得到加强。改革变法触及官僚、大地主的利益，遭到保守派的激烈反对。因此，王安石在熙宁七年（1074 年）第一次罢相，再任江宁知府。熙宁八年再次出任宰相，复相后他得不到更多支持，不能把改革继续推行下去，"多次托病请求离职""神宗愈加厌恶他，罢免了他的宰相职务"，任命他为镇南节度使判江宁府。次年改任集禧观使，封舒国公，隐退江宁。元丰二年，再次被任命为左仆射。宋哲宗即位，加封司空。但到哲宗元祐元年（1086 年），保守派得势，此前的新法都被废除。王安石当年便郁然病逝。

从王安石变法想到历代改革家失败的原因，我认为大致有三个方面：一是来自保守势力的阻挠、朋党政敌的反对、奸佞馋臣的陷害；二是来自因统治阶级根本利益受损、原支持者特别是皇室帝王的反悔；三是来自改革者自身主张欠妥、策略不当等。《王安石列传》中就提到王安石性格过于坚强刚愎，遇到事情不论可否，总是坚持己见不肯改变。做事过于不近人情，朝廷内外的老成人几乎罢黜殆尽，包括吕公著、欧阳修等扶持、推荐过自己的恩人和司马光等友情甚厚的人，王安石都不遗余力地加以排斥，而用的是自己门下轻薄而有小聪明的青年人。这不能说不是王安石三起三落、变法失败的一个重要原因。

博学多闻　百科全才

——读《沈括列传》

沈括（1031 年—1095 年），字存中，杭州人，是我国历史上博学多才、成就卓著的大科学家，也是尽职尽责的朝廷命官。

仁宗至和元年，沈括二十三岁，以父荫任沭阳主薄，主持疏浚沭水，得上田七千顷。

1063 年中进士后担任馆阁校勘，删订三司条例。因撰写《南郊式》（郊祀礼仪），皇帝令其掌管郊祀事务，按新礼仪办事，节省费用数以万计，神宗十分满意。升任太子中允，提举司天监，开始设置浑仪（测天体运动）、景表（测日影）、五壶浮漏（计时器），观察天象，编制新历法。由于沈括工作得力、成绩突出，三个月之内当上了知制诰，监管通进、银台司（北宋的通进银台封驳司，是宋神宗初期重要的中央机关。它呈送臣僚的章奏，发布皇帝的命令，通上下之情，连接皇帝和臣民，在中国古代政治信息传播史上具有重要的地位。并非现在意义上的"银台"）。

在此期间，提出诸如军士射箭不应只以拉开弓的强度定高低，而"应该以射出远近的距离和射入硬物的程度作为考核标准"之类的建议三十一件，皇帝都同意实行。

1072 年出使辽国，驳斥了辽国的争地要求，回来还绘制了《使契丹图抄》献给皇帝，朝廷任命他为翰林学士，权三司使（代理财政最高长官）。后任宣州、青州、延州知州。在延州（延安），加强了对西夏的防御。1082 年，因他人失陷永乐城而受连累，被贬为均州团练副使。

《宋史》对沈括的为官经历记述较为详细，而对于他的科学成就记载得很简单。《宋史·沈括传》称他"博学善文，于天文、方志、律历、音乐、医药、卜算无所不通，皆有所论著"。只此一句，再无下文。

据有关资料介绍，沈括精通天文、数学、物理学、化学、地质学，气象学、地理学、农学和医学，是一位名副其实的博学多才的百科全才。沈括的科学成就是多方面的。他所提倡的新历法，与今天的阳历相似。在物理学方面，他记录了指南针原理及多种制作法；发现地磁偏角的存在，比欧洲早了四百多年；又曾阐述凹面镜成像的原理；还对共振等规律加以研究。在数学方面，他创立"隙积术"（二阶等差级数的求和法）、"会圆术"（已知圆的直径和弓形的高，求弓形的弦和弧长的方法）。在地质学方面，他对冲积平原形成、水的侵蚀作用等，都有研究，并首先提出石油的命名。医学方面，对于有效的药方，多有记录，并有《良方》十卷等多部医学著作。此外，他对当时科学发展和生产技术的情况，如毕升发明活字印刷术、金属冶炼的方法等，皆详为记录。

《梦溪笔谈》是他晚年以平生见闻，在镇江梦溪园撰写的笔记体巨著，内容极为丰富，包括天文、历法、数学、物理、化学、生物、地理、地质、医学、文学、史学、考古、音乐、艺术等共 600 余条。其中 200 来条属于科学技术方面，记载了他的许多发明、发现和真知灼见。这部书是中国科学史上的坐标，是沈括一生社会和科学活动的总结。

沈括是一个文理兼备的科学通才、中国历史上最卓越的科学家之一。沈括兢兢业业、尽职尽责、干一行爱一行、行行精通的敬业精神值得我们学习。

文坛领袖　官场败将

——读《苏轼列传》

苏轼（1037 年—1101 年），字子瞻，号东坡居士，四川眉山人。北宋著名散文家、书画家、文学家、词人、诗人，是豪放派词人的主要代表。他和父亲苏洵，弟苏辙合称为唐宋八大家中的"三苏"。他在文学艺术方面堪称全才。其文汪洋恣肆，明白畅达，与欧阳修并称欧苏；其诗清新豪健，善用夸张比喻，在艺术表现方面独具风格，与黄庭坚并称苏黄；其词开豪放一派，对后代很有影响，与辛弃疾并称苏辛；书法擅长行书、楷书，能自创新意，用笔丰腴跌宕，有天真烂漫之趣，与黄庭坚、米芾、蔡襄并称宋四家；其画颇具盛名，喜作枯木怪石，论画主张神似。著有《苏东坡全集》和《东坡乐府》等。他是当时北宋文学艺术界深受尊重的领军人物。

就是这样一位文坛巨匠，在官场却是败将一个。几次被外放，贬职，甚至坐牢、险些被杀。《宋史·苏轼列传》说，苏轼"以爱君作为自己的根本，忠规善言，正直大节，大臣们没有谁能超过他。但是被小人妒忌排挤，不使他安于朝廷上做官"。苏轼四次被迫自请外放出任地方官，最后遭弹劾流放海南。

第一次，神宗熙宁四年，因不满王安石变法，自请出任杭州通判、密州、徐州知州。元丰二年（1079 年）调任湖州后，"写诗寄托讽喻"，被诬陷毁谤朝廷，投入御史台监狱（史称"乌台诗案"），差点被杀。后因"神宗怜惜苏轼，用黄州团练副使安置了他"。苏轼和乡里父老结伴去山水之间消磨时光，在东坡修筑房屋，自号"东坡居士"。这便是"苏东坡"的来历。

第二次，哲宗即位后，苏轼入朝复官，升至中书舍人、翰林学士，兼任侍读、代理礼部贡举。元祐四年（1089 年），苏轼又被执政大臣恼恨，再次自请外放，任龙图阁学士、知杭州，在那里救灾治病、疏浚西湖、修筑苏公堤。"对杭州百姓有恩德，百姓家中有苏轼画像，吃饭时一定对着画像祝福。"

第三次，元祐六年入朝任吏部尚书，没有到任，因为其弟苏辙任尚书右丞，改任翰林承旨（位在学士之上，代皇帝起草圣旨、参与机要）。"又因为谗言攻击请求出任地方官"，知颍州、扬州，后入朝任兵部尚书、礼部尚书等职。

第四次，哲宗亲政，苏轼又出京知定州。在定州整顿军纪政纪，很有成效。

绍圣初年（1094 年），御史以过去起草的制词告命诽谤先朝为罪名弹劾苏轼，贬官发配惠州，后又像对待死刑犯一样流放到琼州。徽宗即位，赦还。第二年在常州病逝，终年 66 岁。

分析苏轼官场失利原因，至少有四个：一是太聪明。二十岁参加科举考试，文章名列前茅，得中进士。二十八岁时英宗听到他的名声，想召他入翰林院，任为知制诰。宰相韩琦怕别人不信服有害于他，劝说英宗才未破格提拔。但他出类拔萃的才能还是不断受到小人的妒忌；二是太过激。苏轼自以为忠君，有本便奏。对意见的可行性和皇帝准本的可能性考虑不足，就很直白地上书。有些本章往往超前，而且言辞过激，不但得不到答复，还使皇帝感到讨厌，或者得罪大臣。三是太直率。对推行新法公开反对。"乌台诗案"过后，苏轼刚被起用，他路过金陵，见到王安石就又打起了嘴仗。用现在的话说，有点不讲策略。四是太大胆。说话、作文、赋诗、填词说是"豪放"，实际是放肆。稍不高兴就吟诗讽喻时政，攻击他人。被人抓住辫子，打入牢狱，放逐海南，受尽凌辱和苦难。

呜呼，卓著的文学成就、坎坷的政治生涯，这就是苏轼！

十年之功 废于一旦

——读《岳飞列传》

岳飞（1103年—1142年）字鹏举，河南汤阴人。中国历史上著名战略家、军事家、抗金名将。南宋中兴四将（岳飞、韩世忠、张俊、刘光世）之首。

岳飞出身农家，起于行伍，前后四次从军。高宗即位，岳飞投河北招讨使张所。建炎元年（1127年）九月，张所命岳飞北上抗金。岳飞作战有勇有谋，数败金兵，声威大震。三年，岳飞在广德境中，六战皆捷，擒敌将王权，俘叛军首领四十余人。第二年在清水亭、牛头山、新城等地袭击撤离的金兵，接连得胜，收复建康。绍兴九年（1139年），宋金讲和，岳飞立即上书表示反对，并直接抨击了相国秦桧出谋划策、用心不良的投降活动，使"秦桧衔之（抱恨）"。绍兴十年（1140年）五月，金国撕毁和议，兀术等分四道来攻。由于没有防备，宋军节节败退，城池相继失陷。岳飞挥兵从长江中游挺进，实施锐不可当地反击。这年七月，岳飞亲率一支轻骑驻守河南郾城，和金兀术一万五千精骑发生激战。岳飞亲率将士，向敌阵突击，大破金军"铁浮图"和"拐子马"，把金兀术打得大败。郾城大捷后，岳飞乘胜向朱仙镇进军（离金军大本营汴京仅四十五里），金兀术集合了十万大军抵挡，又被岳飞打得落花流水。岳飞这次北伐中原，一口气收复了颍昌、蔡州、陈州、郑州、河南府、汝州等十余座州郡，中原之地基本被岳家军所收复。并且消灭了金军有生力量，金军全军军心动摇，金兀术连夜准备从开封撤逃。南宋抗金斗争有了根本的转机，再向前跨出一步，沦陷十多年的中原就可望收复了。岳飞兴奋地对大将们说："直抵黄龙府，与诸君痛饮尔！"而金军则发出了"撼山易，撼岳家军难"的哀叹。

就在抗金战争取得辉煌胜利的时刻，朝廷连下十二道金牌（红漆金字木牌），急令岳飞"措置班师"。岳飞愤慨地说："十年之功，废于一旦！所得诸郡，一朝全休！社稷江山，难以中兴！乾坤世界，无由再复！"岳飞的抗金战斗，至此被迫中断，岳飞父子回朝后被害。

岳家军班师时，久久渴望王师北定中原的父老兄弟，拦道恸哭。岳飞为了保护老百姓的生命财产，故意扬言明日渡河，吓得金兀术连夜弃城北窜，准备北渡黄河，使岳飞得以从容地组织河南大批人民群众南迁到襄汉一带，才撤离中原。这时，有一个无耻的书生，骑马追上金兀术扣马而谏："太子（兀术）毋走，京城可守也，岳少保兵且退矣。"金兀术问书生："岳少保用五百名骑兵打败我十万大军，京城的百姓日夜盼望他来，怎么说可以守得住呢？"书生说："自古以来没有权臣在朝廷内执政，而大将能在外立功的事，岳少保尚且不免遭祸，还想成功吗？"金兀术听后又整军回到开封，不费吹灰之力，又占领了中原地区。

"十年之功，废于一旦！"原因就是"权臣在朝廷内执政"，也在于岳飞的"愚忠"啊！

理学代表　教育大家

——读《朱熹列传》

理学是指宋朝以后的新儒学，又称道学。它产生于北宋，盛行于南宋与元、明时代，清中期以后逐渐衰落。理学属于唯心主义哲学思想，流派纷纭复杂，主要有两大派别：程朱理学（客观唯心主义）和陆王心学（主观唯心主义），朱熹是程朱理学的代表。

朱熹，字元晦，徽州婺源人。南宋著名的理学家、思想家、哲学家、教育家、诗人、闽学派的代表人物，世称朱子，是孔子、孟子以来最杰出的弘扬儒学的大师。

高宗绍兴十八年（1148 年），十九岁朱熹登进士第。曾任泉州同安主簿。孝宗淳熙五年（1178 年），知南康军。光宗即位后，又知漳州、潭州。宁宗即位，除焕章阁待制兼待讲。朱熹考中进士以后的五十年，经历了高宗、孝宗、光宗、宁宗四朝，在外面做官仅有九年，在朝中做官四十天。其余四十年过着讲学著书生活。朱熹从师李侗（二程传人），他集北宋以来理学之大成，融道家和禅学思想入儒学之中，建立了一套客观唯心主义理学体系，使儒学蜕变出古代社会的又一经典理论——理学。朱熹广收弟子，亲自讲学，门生遍布各地，有学术成就、政治建树者颇多，使朱熹学派成为理学史上最有势力的学派。

同时，朱熹十分重视教育，是南宋著名的教育家。1178 年知南康军，在庐山建立"白鹿洞书院"进行讲学，并制定了一整套学规。1193 年朱熹任职于湖南，不顾政务缠身，又主持修复了四大书院之一的另一著名书院——岳麓书院。为了帮助人们学习儒家经典，他又于儒家经典中精心节选出"四书"（《大学》《中庸》《论语》《孟子》），并刻印发行。这是教育史上的一件大事。"四书"影响深远，后来成为封建教育的教科书。

朱熹的学术成就自有评论，他对教育事业的巨大贡献值得褒扬。

（《宋史》选读完毕 2012 年 11 月 9 日）

十四、《辽史》

元修三史　辽史速成

元顺帝至正三年三月（1343 年），在右丞相脱脱等人的奏请下，诏修辽、金、宋三史，裁定三史各为正统，以脱脱为辽、金、宋三史都总裁官。

从至正三年四月（1343 年）始修，至次年三月，只用了 11 个月时间，《辽史》便大功告成。元修《辽史》之所以如此神速，是因为这次修编是在前人已有《辽史》的基础上进行增删修订。主要参据的就是辽朝耶律俨和金朝陈大任的《辽史》。

《辽史》记载的辽朝，是与北宋对峙的、统治中国北部的一个王朝。907 年建国，1125 年为金所灭。

辽朝是中国北方少数民族契丹族建立的，始于太祖耶律阿保机。契丹族源于东胡后裔鲜卑的柔然部。916 年（辽神册元年），耶律阿保机建立了契丹国（后改为辽），定都上京（今内蒙古巴林左旗南）其疆域东临北海、渤海，西至金山（今阿尔泰山）、流沙（今新疆白龙堆沙漠），北至克鲁伦河、鄂尔昆河、色楞格河流域，东北迄外兴安岭南麓，南接山西北部、河北白沟河及今甘肃北界。疆域比北宋还大。辽朝存在 208 年，历经九个帝王。在太祖阿保机统治时期，创建奴隶制国家，确定皇权世袭，建立军队，制定法律，修建都城，制造文字，此后继续向外扩张。西吞并甘州回鹘，东灭亡渤海国，南占领燕云十六州。太宗死后，经过世宗，穆宗，景宗，一再发生争夺皇权战争。982 年圣宗继位，实行一系列改革，多方面削弱奴隶制，确立封建制的统治。其间他带兵南侵，与宋订立澶渊之盟，两国各守旧界，此后不再有大的战事。圣宗在位半个世纪，是辽朝的全盛时期。到兴宗、道宗时期皇室内部政变频繁，各族人民反抗辽朝的起义连绵不断，辽王朝日见衰败。金政权建立后，接连打败辽王朝，很快取代了辽在东北的统治地位。1125 年天祚帝逃往西夏途中，为金兵追获，辽亡。

断腕太后述律平

述律平，辽太祖耶律阿保机皇后，回鹘族述律部人。

天赞三年（924 年）耶律阿保机前往攻击党项，而黄头、臭泊两个室韦部落想偷袭阿保机。述律皇后得知，便率军奋击并大破敌军，从此威震四方。日后关于辽国的军政，述律皇后皆占有很大的地位。在重用韩延徽、制止攻幽州、平定渤海国等事情上她都出了不少主意。

天显元年（926 年），耶律阿保机逝世，述律皇后称制摄政，掌理军事与国事。耶律阿保机要下葬时，述律皇后曾想殉死，经众人劝阻后，她砍下自己的右手，装入阿保机的棺木里，作为陪葬。后人称她为"断腕太后"。

起初，耶律阿保机认为次子耶律德光可以兴辽国，于是述律平也支持让耶律德光继承为太宗，长子皇太子耶律倍便成为东丹王。太宗即位后，耶律倍避走后唐。太宗过世，耶律倍的儿子耶律阮自立为世宗。述律太后派自己最心爱的幼子耶律李胡去讨伐，但是李胡战败，太后遂要亲自率军出击。后经耶律屋质进谏，才让太后打消此意。事后，太后被送到祖州（今内蒙巴林左旗西南）软禁。应历三年（953 年），以 75 岁之龄过世，与耶律阿保机合葬于祖陵。

《辽史》对述律平太后是正面描写的，但也有的人说，述律平狡诈阴险，趁给太祖安葬排除陷害异己，让 100 多位大臣为太祖陪葬，而碍于对手攀逼，被迫砍去右腕代她陪葬。历史事件时间久远，谁说得清呢？

北国女杰萧太后

辽朝皇室耶律氏和萧氏世为婚姻，皇后多为萧氏。我们多数人知道的萧太后是《杨家将》里面杀伐决断的萧太后。读了《辽史》，方知历史上的萧太后不像小说所描写的那样是率领虎狼之师与北宋大战燕云十六州的母夜叉，而是"北国"的女中豪杰，著名的政治家、军事家。她清正贤良、深明大义，为辽朝的发展做出了重大贡献。

萧太后（953年—1009年），名萧绰，山西应县人。小字燕燕，辽景宗耶律贤的皇后。辽北院枢密使兼北府宰相萧思温之女。辽景宗即位，被选为贵妃，不久册立为皇后，生了圣宗。因景宗身体不好，授权她可以代行皇帝职权。982年9月，辽景宗驾崩，辽圣宗十二岁即位，萧燕燕被尊为太后，代行国政。她在摄政期间，励精图治，选用汉人，开科取士，消除蕃汉不平等待遇，劝农桑，薄赋徭，内政修明，军备严整，纲纪确立，上下和睦，与宋讲和，坐收岁币之利，经济文化高度发展，使辽朝达到鼎盛时期。萧燕燕活到五十七岁病逝。

"北国女杰"萧太后促成了使宋、辽之间百余年间没有大规模战事的、历史上著名的"澶（chán）渊之盟"。但在《辽史》中只提到"她熟悉明了军政大事，檀渊之战，亲自驾驭战车，指挥三军。"详略不当，这算是《辽史》的一个不足吧。

将军成败皆于箭

萧达凛，辽朝名将。统和4年，跟随枢密使耶律斜轸讨伐宋军。杨业孤军奋战，被萧达凛放冷箭射落下马，并将其生俘。萧达凛因打败"杨无敌"，在辽国声名大振，被加官右监门卫上将军、检校太师，挂衔彰德军节度使等职。之后，屡立奇勋，被封兰陵郡王，任命为伐宋的统帅。

统和22年，萧达凛率兵伐宋，初战告捷，生擒宋将王先知，连破祁州等地，直指澶渊（濮阳）。一日，萧达凛出城观察地形督战时，中宋兵暗箭身亡。翌日，萧太后亲送其灵柩回辽，罢朝五日。（也正因为萧达凛之死，才让"澶渊之盟"得以达成）

萧将军成败非萧何，乃胜也箭、亡也箭也！

耶律隆运本姓韩

《辽史》卷八二记载："耶律隆运本姓韩，名德让，西南面招讨使韩匡嗣的儿子。统和十九年赐名德昌；二十二年，赐姓耶律；二十八年，又赐名隆运。庄重厚道有智略，明了为政的根本，喜欢建树功名创立事业。"

景宗时，宋围燕城，隆运登城，日夜守御，直到解围。因败宋军之功被征调为南院枢密使。景宗临终，隆运等立梁王为圣宗。隆运辅佐圣宗有功，先后被封为楚国公、北院代宰相、枢密使，后拜大丞相，总管二枢府事。二十二年，封晋王，赐姓名为耶律隆运，解除宫籍，隶属于横帐季父房后（位在亲王以上）。从征高丽回，去世，享年七十一岁。

汉人韩德让是河北玉田人，几代都是契丹的功臣、重臣，在辽朝有重要影响。有人说，韩德让和萧太后是"事实婚姻"，《辽史》并无记载，此事对韩德让的评价也无关紧要。韩德让、耶律隆运本来是一个人。南朝也好，北国也罢，反正都在中国。不管他以什么名字、在哪里做事，只要对国家有贡献，都值得在史书上写上几笔。

亡国之君天祚帝

天祚帝，名耶律延禧（1075年—1128年），字延宁，小字阿果。辽朝末代皇帝。道宗耶律洪基孙。道宗病死后继位（其父顺帝已被奸臣害死），1125 年 2 月在应县被金兵俘虏，辽朝灭亡。天祚帝在位 25 年，被金兵俘后病死，终年 54 岁。

分析辽朝亡国的原因，主要有四个方面：一是辽朝后期统治集团君庸臣奸，日益腐朽，国势日衰，阶级矛盾、民族矛盾日益加剧，武装起义此起彼伏，女真族的反辽斗争是民族起义中最强劲的一支，最终灭了辽；二是天祚帝不务正业，整日打猎钓鱼、游历避暑、祭神拜祖，不理政事。据我不完全统计，《辽史·天祚皇帝本纪》此类记载就达五十余处。及至向他禀报女真起兵，他在射猎中仍漫不经心；三是宠信奸臣，上下离心。对皇戚元妃的哥哥萧奉先言听计从，赦恶诛良，并杀了亲儿子次子晋王，造成人心涣散，军无斗志；四是统治集团内部四分五裂，有叛辽投金的，有另立山头的。最后，天祚帝四处逃亡，被俘身死，辽朝被金消灭。

（《辽史》选读完毕 2012 年 11 月 16 日）

十五、《金史》

元修三史　金史独善

《二十四史》中的《金史》是元代修撰的。《金史》的编撰过程和《辽史》一样，最早议于元世祖中统二年（1261 年），因为义例难定，直到元顺帝至正三年（1343 年），才决定"各与正统"，分别撰修《辽》《金》《宋》三史。次年十一月《金史》告成，用时不到一年。之所以成书较快，是因为金历朝都有比较完备的实录，《金史》的取材主要是《金实录》。

金朝实录主要有《祖宗实录》，包括始祖以下十帝的遗文轶事，是女真族早期活动的重要文献。以下顺次有太祖、太宗、睿宗、熙宗、世宗、显宗、章宗、宣宗实录和海陵庶人实录十种。关于哀帝亡国始末没有实录，《金史》多采用刘祁的《归潜志》和元好问的《壬辰杂编》。

《金史》在元修三史中，向有好评。《四库提要》说《金史》"在三史中独为最善"。

《金史》记载的金朝（1115 年－1234 年），是北宋时期女真族在北方建立的政权。女真勃兴于今黑龙江、松花江流域及长白山地区。1115 年1 月 28 日，女真领袖完颜阿骨打称帝建国，国号大金。金朝建国后，展开以辽五京为战略目标的灭辽之战。五京一下，辽朝随即灭亡。金灭辽后，与北宋遂成敌国。金太宗完颜晟即位后，挟灭辽之威，很快席卷而南，于天会五年（1127 年）灭亡北宋。女真在消灭辽朝和北宋后，统一了包括黄河流域在内的广大北方地区，并与南宋长期对峙。完颜亮在位期间，对南宋发动大规模战争，但以失败告终。金在与南宋、西夏并立期间，迫使西夏臣附、南宋屈辱求和，始终维持其霸主地位。金朝后期，统治集团极其腐朽，各民族起义风起云涌，同时又受到蒙古帝国（元帝国）军队的不断打击，1234 年 2 月终于亡国。金朝历经 119 年，共 10 代帝王。金末帝（金昭宗）完颜承麟，1234 年 2 月 9 日在位（仅半天）。

　　宋、辽、金同时存在于一个时代，但元修三史的顺序是辽、金、宋，《二十四史》的顺序是宋、辽、金。反映了编者的一种潜在的民族意识。

金朝名将金兀术

　　完颜宗弼，就是金兀术，是开国皇帝阿骨打的四子，开国功臣。金兀术有胆略，善射。初从完颜宗望追击辽天祚帝于鸳鸯泊（今河北张北安固里淖）。天会三年（1125 年），随军攻宋，克汤阴，参加围攻东京（开封）。六年，率军攻山东，击败宋军数万，连克青州、临朐等城。七年，复率军攻宋，先后在大名、和州击败宋军。此后一直是金国主攻派的代表，并领导了多次南侵，战功赫赫。迫宋称臣，以功进太傅。七年为太师。八年卒。

　　在《岳飞传》中早闻大名，阅读《金史》，乃知其人。

　　　　　　　　　　　（《金史》选读完毕 2012 年 12 月 1 日）

十六、《元史》

大哉乾元　一代天骄

——读《元史·太祖本纪》

元朝，由蒙古族建立，是中国历史上第一个由少数民族建立的大一统帝国。1206 年铁木真在漠北称成吉思汗，1260 年忽必烈即位大汗并建元"中统"，1271 年忽必烈取《易经》"大哉乾元"之意改国号为元，1279年灭南宋。元朝的疆域空前广阔，岭北行省和辽阳行省北部到达北冰洋，西藏第一次被纳入中国版图。元朝在地方实行行省制度，开中国省级行政制度之先河。元朝在不少科技、文化领域出现了重要发展。后期因统治腐败和民族压迫，人民忍无可忍，红巾军农民起义，敲响了元朝灭亡的丧钟。1368 年明军攻占大都，元朝在全国的统治结束。

元太祖铁木真（1162 年—1227 年），出身于蒙古贵族世家，少年丧父（一说被杀），家道中落。但他奋发图强，不屈不挠，终于崛起，接连战胜强大敌手，统一草原各部，建立蒙古国，号成吉思汗。接着又攻金、夏，移师西征，灭花剌子模等国，直至印度河而返，并一度进入钦察草原（俄）。回军后，又发动灭夏战争。西夏灭亡之日，也正是他死亡之时。临死前还对灭金做了部署。元朝建立后，尊他为太祖。

成吉思汗在中国和世界历史上产生过很大的影响。毛泽东主席在《沁园春》中称他为"一代天骄"。对成吉思汗成功的秘诀，《元史·太祖本纪》是这样总结的："太祖为人深沉，有伟大的志向，用兵如神，所以能灭四十国,并且平定西夏"。现代成功人士的经验大概也不外乎城府深、眼光远、策略对这三点。

元代的"主持"和"代理"

——读《睿宗列传》

查阅元朝皇帝列表,太祖成吉思汗 1227 年去世,太宗窝阔台 1229 年即位。中间这二年谁是皇帝?看了《睿宗列传》才知道这二年没有皇帝,由成吉思汗的四子托雷暂时"主持"国政,名曰"监国"。托雷是杰出的蒙古军队统帅。在成吉思汗最初对金用兵时,托雷已经崭露头角。后随成吉思汗西征,立有战功。成吉思汗死后,托雷监国。《睿宗列传》说,"当太祖刚去世的时候,太宗留在霍博没有回来,国家大事由谁负责不明确,便由托雷暂时管理"。1229 年夏,"太宗回到首都,八月,登上帝位"。

为什么托雷主持国政二年而没有即皇帝位呢?《睿宗列传》没有说。但有三种流传的说法:一是成吉思汗生前授权三子、托雷的亲哥哥、后来的太宗窝阔台继位;二是托雷不愿当皇帝,更不愿和哥哥竞争;三是托雷竞争失败,窝阔台在忽里尔台大会中被推举为继任人。

太宗即位后,发动灭金战争,托雷率右路军转战千里,三峰山一役,消灭了金军主力,为灭金立下了大功。不久病死(也有人认为是被窝阔台毒死)。他有十一个儿子。长子宪宗,四子(忽必烈)世宗,先后追赠其为"英武皇帝,庙号睿宗"和"景襄皇帝"。托雷他活着时功劳不小,还主持了二年国事,但是因为没有正式当过皇帝,尽管有庙号,《元史》中也没有本纪,只能给他写"列传"。

元代不但朝廷里有"主持",还有"代理"。元太宗、定宗死后,帝位出缺,都是由皇后"称制"即"代理",代行皇帝职权的。

太宗窝阔台（1186 年—1241 年），成吉思汗的第三子，1229 年即位，在位 13 年。1241 年死，时年 56 岁。窝阔台死后推举大汗未果，从 1242—1246 年由窝阔台的第六皇后昭慈皇后"称制"，代行皇帝职权，也就是"代理"皇帝。1246 年由太宗长子定宗贵由接替。1248 年定宗死后再次由皇后称制，元定宗第三皇后钦淑皇后从 1248 年起代理皇帝执政，直至成吉思汗之孙、拖雷长子宪宗蒙哥（1208 年—1259）1251 年即位。

托雷"监国"和皇后"称制"，皆缘于蒙古大汗的即位要经过王室、部落首领等参加的"忽里台大会"的"民主"推选和通过认可。从成吉思汗铁木真开始，初期几任大汗皆由该会议推举产生或认可通过。到忽必烈时期，王室家族内部争位斗争空前紧张，成功夺得汗位的忽必烈继位后再也不曾召开忽里台大会。后来，"民主推选"变成了"武力夺权"，王室斗争愈演愈烈，元朝日趋衰亡。

现实政界，官员暂缺，找个"主持"或"代理"是司空见惯的事情。有的"主持"了一段，甚至是很长时间，也没能"即位"，但却享受上了所"主持"官职的同等待遇。这难道是相对于封建社会的"进步"吗？

畏兀儿首领高昌王

——读《巴尔术阿而忒的斤列传》

"巴尔术阿而忒的斤亦都护，亦都护是高昌国君主的称号。他的祖先居住在畏兀儿地区，当地有和林山"。《巴尔术阿而忒的斤列传》说他的祖宗是树上生出来的，成为当地的君主。传了三十几代，到了玉伦的斤，几次与唐朝打仗，后来和好了，唐朝将金莲公主嫁给了他的儿子葛励的斤。因为唐朝要他们福山上的石头（坏了风水），玉伦的斤死了，屡次发生灾异，百姓无法安居，迁到了火州（即高昌故城）一带。到巴尔术阿而忒的斥臣属契丹。太祖在北方兴起，归附了元朝。他的后人跟随元朝攻宋、北伐，与元朝公主结亲。到仁宗，封纽林的斥为高昌王。

《白话二十五史》编者说畏兀儿是今天维吾尔族的祖先，尚有争论。但新疆自古便是中国领土，是毋容置疑的。

宫廷政变　元气丧尽

元朝中后期，宫廷斗争日趋激烈，政变屡屡发生。托雷长子宪宗蒙哥去世后，托雷四子忽必烈经过残酷竞争即位为世宗。世宗去世，其孙、皇太子真金（已去世）之子铁木耳即位，是为成宗。

成宗无子，死后皇后企图垂帘听政，立安西王为帝。哈剌哈孙等，废黜皇后，杀安西王，发动了元朝第一次政变。武宗（真金次子答剌麻八剌之长子）海山和其弟仁宗为争夺皇位，几乎兵戎相见。经康里脱脱等斡旋，始得解决。商定武宗、仁宗兄弟相继，仁宗传位武宗之子，再传位仁宗之子。于是海山即位，是为武宗。但是，后来仁宗违背诺言，传位于自己的儿子英宗。接着就发生了第二次政变（南坡之变）。1323年八月，元英宗、拜住自上都（今内蒙古正蓝旗东）北返大都（今北京），途中驻营于南坡店（上都西南三十里）被铁失等刺杀，英宗死时只有20岁，在位四年。

此后，也孙铁木儿泰定帝即位，元朝政局很少稳定。泰定帝死后，其子天顺帝在位1月，战败逃亡，不知所终。武宗次子文宗与拥立天顺帝的倒剌沙进行内战，胜利后即位。两次在位共5年。元武宗长子明宗在位八个月被毒死。时年30岁。元明宗次子宁宗在位月余。元末在位时间最长的是明宗长子顺帝，在位36年。

接二连三的宫廷政变，使元朝大伤元气。无力抵抗大规模的农民起义。1368年朱元璋谴大将徐达率领明军攻入大都，顺帝出逃，元亡。1370年，顺帝病死，时年51岁。

元代邢台名人

——读《刘秉忠列传》

刘秉忠（1216年—1274年）元代政治家、作家。初名侃，字仲晦，邢州人。曾祖于金朝时在邢州任职，因此移居邢州。蒙古王朝灭金后，刘秉忠出任邢台节度府令史，不久就归隐武安山，后从浮屠禅师云海游，更名子聪。元世祖忽必烈即位前，他与云海禅师一起入见，忽必烈把他留在身边，商议军国大事。即位后，拜光禄大夫太保，参领中书省事，对元代开国制度多有建树。国家典章制度，他都参与设计草定。又主持建上都、中都两城。立国号"大元"，也源于他的建议。秉忠自幼善学，至老不衰，一生著述丰富，有《藏春诗集》六卷，《藏春词》一卷，《平沙玉尺》四卷，《玉尺新镜》二卷。又有诗文集三十卷。

郭守敬是邢台的另一位元代名人（"白话本"没有选入）。他是元朝的天文学家、数学家、水利专家和仪器制造专家。字若思，汉族，顺德人。曾担任都水监，负责修治元大都至通州的运河。他用4年时间制订出《授时历》，通行360多年，是当时世界上最先进的一种历法。

（《元史》选读完毕　2012年12月19日）

十七、《明史》

正史之最

——《明史》概述

《明史》是二十四史最后一部，也是最优秀的一部史书，其显著特点有三：

1. 篇幅之巨，仅次于《宋史》，并冠正史之首

全书共三百三十二卷，包括本纪二十四卷，志七十五卷，列传二百二十卷，表十三卷。记载了自朱元璋洪武元年（1368 年）开始，历经十二世、十六位皇帝，至朱由检崇祯十七年（公元 1644 年）二百七十六年的历史。

明朝是继汉唐盛世后又一个兴盛的中原王朝，也曾是手工业、经济最繁荣的国家之一。明太祖即位后减轻农民负担，恢复经济生产，改革吏治，惩治贪污的官吏，社会经济得到恢复和发展，史称洪武之治。明朝国力日盛，到明成祖朱棣时期，国势到达顶峰，是为永乐盛世。《明史》认为洪武、永乐在位时期"治隆唐宋""远迈汉唐"。其后的明仁宗和明宣宗时期仍处于兴盛时期，史称"仁宣之治"。然而由于明朝皇权过度集中，常发生皇帝昏庸不理政事，或是由宦官行使大权的陋习。政局时稳时乱。明英宗时期，虽经土木堡之变，但经于谦等人抗敌，最终解除国家危机。明宪宗与明孝宗相继与民休息，政局尚可平稳。明武宗沉溺游乐，最终使明孝宗一脉绝嗣 引发大礼议之争。明世宗即位后，清除宦

官和权臣势力，总揽朝纲。明世宗中后期，东南沿海任用胡宗宪、俞大猷等将领，平定倭患。明世宗驾崩后十数年，经历隆庆新政和万历中兴，国力得到恢复。明神宗中期，完成万历三大征，平定内乱，粉碎丰臣秀吉攻占朝鲜王朝的梦想。然而因国本之争，皇帝逐渐疏于朝政，同时东林党争也带来明朝末期政治的混乱，史称万历怠政。明熹宗时，魏忠贤阉党祸乱朝纲，到明思宗即位后才废除宦官专政。然而明毅宗政策失误和天灾不断，明朝最终亡于李自成领导的农民起义。1644 年，明毅宗自缢于北京煤山，明朝作为统一国家结束，随后，后金军队击败李自成的大顺军并入主中原。之后南方重建明廷，史称南明，1662 年永历帝被杀，明亡，1683 年清军占领台湾，郑氏政权结束。

2. 修撰时间最长、用人最多

《明史》是我国历史上官修史书中纂修时间最长的一部。顺治二年（1645 年），御史赵继鼎奏请纂修《明史》，得到了清廷认可。命大学士冯铨、李建泰等为总裁，操办此事，揭开了清朝官方纂修《明史》的序幕。康熙四年（1665 年），重开明史馆，因纂修《清世祖实录》而停止。康熙十八年（1679 年），以徐元文为监修，开始纂修明史。先后有近二百人参加编修，经过几十年的努力，三次大的修改，终于在乾隆四年（1739 年）最后定稿，进呈刊刻。从清顺治二年（1645 年）开设明史馆起，到乾隆四年（1739 年）正式由史官向皇帝进呈，前后历时九十四年。第三次修书总裁为张廷玉，因此现在通行的《明史》题为张廷玉等撰。

3. 文笔水平、史料价值最高

《明史》的文字水平居《二十四史》之冠。其特点：首先，体例严谨，叙事清晰，文字简明，编排得当。有史评家认为，辽、宋、金、元诸史 "未有如《明史》之完善者"。其次，史料较为丰富。修撰者除了主要依据明朝各帝 "实录" 而外，还参考了上千种地方方志、私家文集等，使明史的史料比较翔实。再次，比较真实。有些地方持论公允，秉直书写。尤其在列传中，对人物基本上能够功过并举，再现了历史状况。

最后，体例有所创新。在列传中专列了"阉党""流贼"和"土司"三目。《阉党传》记载了部分宦官祸国殃民的罪行；《流贼传》客观上为后人保存了明末农民战争的某些可靠史料；《土司传》则保存了大量少数民族的重要资料。这些都有助于后人对明朝历史的考察研究。

朱元璋的谥号

——读《太祖本纪》（1）

《明史·太祖本纪》第一句是"太祖开天行道肇纪立极大圣至神仁文义武俊德成功高皇帝，名元璋，字国瑞，姓朱。"我知道，后半部分是姓名字号，前半部分是歌功颂德的话，但到底什么意思我不太清楚。看到《太祖本纪》最后，倒数第二段说，太祖死后，"葬于孝陵。谥号高皇帝，庙号太祖。永乐元年，再谥为圣神文武钦明启运俊德成功统天大孝高皇帝。嘉靖十七年，增谥为开天行道肇纪立极大圣至神仁文义武俊德成功高皇帝"。

原来，开头两个字"太祖"，是朱元璋的庙号，后边 23 个字是他的谥号。说他是"开天、行道义、立规矩、树立榜样、广大神通、最神奇、文采和政治好、讲义气、武功高强、长得帅、有道德有功劳的太祖皇帝"。

我查了一下关于中国古代帝王名号问题。常见到的帝王名号主要有：尊号、谥号、庙号等。

尊号一般皇帝在世之时便开始有群臣上请，并不断加长。庙号是帝王死后在太庙里立宣奉祀时追尊的名号。谥号是帝王死后的评价性称号。

谥号比较复杂。帝王，也包括诸侯、大臣等具有一定地位的人死去之后，根据他们的生平事迹与品德修养，评定褒贬，而给予一个寓含善意评价、带有评判性质的称号，并相沿成为制度，这种制度称为谥法，所给予的称号名为谥号。谥号有帝王之谥，由礼官议上；有臣属之谥，由朝廷赐予；还有私谥，是门徒弟子或是乡里、亲朋为其师友上的谥号。

另外，明清时期，有时用年号称呼皇帝。年号是指用于纪年的名号。年号被认为是帝王正统的标志，称为"奉正朔"。一个政权使用另一个政权的年号，被认为藩属、臣服的标志之一。这种现象主要发生在中国分裂的时期。明朝以前多数皇帝有多个年号。到了明清两朝，基本上都是一个皇帝一个年号，因此也常常用年号来称呼皇帝，例如康熙帝。朱元璋的庙号太祖，长长的谥号简称高皇帝，年号洪武，有人称他为朱洪武，朱元璋在位期间也称洪武年间。

布衣皇帝

——读《太祖本纪》（2）

历史上真正农民出身的"布衣皇帝"并不多，人们常说的有刘邦、朱元璋。刘邦，农民出身，但不太贫穷。本人"不事生产"，读过书，好逃学。当过亭长。后参加农民起义，最终当了汉朝开国皇帝，且是很有作为的帝王。其实，后梁开国皇帝朱温，也是农民出身。他"幼年丧父，家贫，母王氏佣食于萧县刘崇家"。后参加黄巢起义，"篡唐建梁"。人们最认可的"布衣皇帝"还是朱元璋。

《太祖本纪》卷一，主要记述了朱元璋从贫困农民到皇帝的过程。

朱元璋（1328年—1398年），字国瑞。出生于濠州钟离（今安徽凤阳）的一个贫苦农民家庭，排行第四，家族兄弟排行第八，故原名朱重八（或称朱八八）。自幼家庭贫寒，十七岁那年，父母兄长均死于瘟疫。"因为贫穷无力安葬。同里的人刘继祖给了他一块地，才能安葬，这块地就是后来的凤阳陵。太祖孑身一人无所依靠，便入了皇觉寺当和尚。"过了一个月，要饭到合肥，病倒在路上，被两个"紫衣人"救起。"三年来经过光州、固州、汝州、颖州等地，再回皇觉寺"。后来参加了农民起义红巾军分支郭子兴的队伍。

1356 年，起义军攻下集庆（南京），朱元璋称吴国公，劝农桑、命屯田、立郡学。"高筑墙、广积粮、缓称王"（《明史》无见朱升建议），壮大势力，击败陈友谅，改称吴王。1368 年，登大明皇帝位，建都南京，年号洪武。同年攻克大都，推翻元政权。

《太祖本纪》卷二，三要记述朱元璋即位后平定各地、发展生产、重视办学、征集人才、制定《大明律》等治理国家的举措，也记载了平定胡惟庸谋反、撤销中书省、废除丞相等官职，进行政治体制改革的情况。

总体来看，朱元璋在位期间体谅农民疾苦，重视休养生息，减轻农民负担，兴修水利，发展经济，抑制豪强，惩治贪污，天下大治。"朱洪武坐南京，风调雨顺"，平夹百姓安居乐业。朱元璋是当之无愧的历史上少有的真真正正的"布衣皇帝"。

火烧庆功楼？

——读《太祖本纪》（3）

民间有朱元璋"火烧庆功楼"诛杀功臣之说，此实乃演义。而朱元璋借胡惟庸和蓝玉案大开杀戒在《太祖本纪》卷三中确有记载。

朱元璋平定天下后，大封功臣。但是他性格多疑，也对这些功臣有所猜忌，恐其居功枉法，图谋不轨。而有的功臣也确实越过礼法，为非作歹。明太祖借此兴胡惟庸和蓝玉案大狱，几乎将功臣全部诛杀。1380 年明太祖以擅权枉法之罪名杀胡惟庸，又杀御史大夫陈宁、御史中丞涂节等人。1390 年有人告发李善长与胡惟庸关系密切，李善长因此被赐死，家属七十余人被杀，总计株连者达三万余人，史称胡惟庸案。此后，明太祖又借大将军蓝玉张狂政扈之名对其诛杀，连坐被族诛的有一万五千余人，史称蓝玉案。加上空印案与郭桓案（《太祖本纪》未见记载）合称明初四大案。此时除汤和、郭英与耿炳文外功臣几乎全数被杀。

明太祖通过打击功臣、设立锦衣卫加强特务监视等一系列方式巩固皇权，使中国封建专制主义的统治达到了空前的程度，为中国政治制度造成长期的严重消极影响。

著名贤后"马大脚"

——读《明史》后妃传

《白话二十四史（精华）》选入《明史》中的"后妃传"十四篇，尤以《太祖孝慈高皇后传》值得读一读。太祖孝慈高皇后就是人们常说的"马大脚"。其实，《明史》后妃传记中并没有关于皇后手脚的描写。

明太祖孝慈高皇后马氏，宿州人。父母早逝，马公之友郭子兴将马氏收为义女，后许配给朱元璋。

马氏宽厚仁慈且颇具见识，爱读文史书籍。朱元璋每写札记，总是让马氏收集掌管。朱元璋攻克太平后，马氏率将士妻妾南渡长江。朱元璋抵御陈友谅，马氏则将宫中黄金布帛全部拿出犒劳士兵。

洪武元年（1368年）正月，朱元璋即皇帝位，马氏被册封为皇后。马皇后勤于治理内宫，因为宋朝贤后很多，便命女史抄写宋代宫中家法，朝夕阅览，以省察自己。太祖决断政事时常大发雷霆，马皇后总是根据不同情况巧妙地规劝太祖，使许多人得以减缓刑戮。李文忠、宋濂等都因马皇后劝谏被太祖赦免死罪。太祖每次进膳用餐，马皇后都要亲自检查察看。她平时穿的衣服经过多次洗涤之后，虽然已经破旧仍不忍心更换。嫔妃宫女中生有子女的，马皇后都一律厚待。命妇入朝拜见时，皇后待她们像家人一样。

洪武十五年（1382年）八月，马皇后染病在床，奄奄一息。临终时，太祖问她还有什么话要说。马皇后嘱咐太祖道："希望陛下求贤人，纳忠谏，自始至终，子孙贤能，臣民各得其所。"八月十日，马皇后去世，终年五十一岁。太祖悲伤痛哭，从此不再重立皇后。

现在共产党官员的"夫人"（有些人自己也是党员和"高官"），很多人不能助夫一臂之力去"建功立业"，而靠"刮枕头风""当钱匣子"搞腐败，助纣为虐的大有人在。这些人与"马大脚"比比，不觉得脸红吗？

反元首义之功

——读《方国珍列传》

人们一提起元末农民起义，就会想到刘福通领导的红巾军。实际上，方国珍首义反元，比刘福通、徐寿辉等起义早两三年，比郭子兴（后来朱元璋加入）起义早四年。

方国珍（1319 年—1374 年），元末台州黄岩人。生得身长面黑，力勒奔马，世以浮海贩盐为业。至正八年（1348 年）方国珍的同里蔡乱头啸聚海上，方国珍的冤家乘机诬告方国珍通寇，官府追捕。长浦巡检到方家，国珍以杠为矛，格杀巡检，遂与二兄国璋，弟国瑛、国珉逃入海中，不到一个月，就收集到被逼迫的老百姓数千，高举反元义旗，劫夺元朝海运皇粮。后攻占温州、台州等城。至十七年（1357 年），攻张士诚。方国珍率军进长江，战于昆山，身先士卒，用五万兵战胜张士诚的七万军队。次日又战，七战七捷。方国珍安定了台州、温州、庆元（宁波）后就致力保境安民，休养生息，鼓励农工商学，轻徭薄敛，百姓安居乐业。比起战事频繁的中原，浙东可谓天堂。

尽管方国珍最后降明，但他的首义之功，对元末大起义产生了深远影响。应该记住他的功劳。

《靖难之变》与方孝孺

——读《方孝孺列传》

方孝孺（1357 年—1402 年），字希直，宁海人。师从"开国文臣之首"的翰林学士（正五品）宋濂，历任翰林侍讲，文学博士。

1398 年明太祖驾崩，由于太子朱标早死，由皇太孙朱允炆即位，年号建文，即明惠宗。明惠宗为巩固皇权，与亲信大臣齐泰、黄子澄等密谋削藩。周王、代王、齐王、湘王等先后或被废为庶人，或被杀。同时以边防为名调离燕王的精兵，准备削除燕王。结果燕王朱棣在姚广孝的建议下以"清君侧，靖内难"的名义起兵，最后迂回南下，占领京师，是为"靖难之变"。

建文年间方孝孺担任建文帝的老师。"靖难之变"时，讨伐燕王的檄文都是方孝孺起草的。建文四年五月，燕军渡过长江。方孝孺力劝皇帝守住京城，等待援兵。若不成功，当为国捐躯。燕军攻入京城，皇帝自焚，方孝孺被捕。朱棣命他起草登基诏书，方孝孺至死不从，被肢裂而死。被牵连处死的有八百多人。

方孝孺的文章淳朴精深英雄豪迈，海内外争相传抄背诵。有的人因收藏他的文章被处死。万历年间，释放因受牵连流放充军的人的后代达1300 余人。

宁死不屈，弱儒英雄！

郑和下西洋之因果

——读《郑和列传》

郑和下西洋，国人皆知。究其原因和结果，未必全晓。

《明史·郑和列传》曰：郑和，云南人，世所谓三保太监者也。初事燕王于藩邸，从起兵有功。累擢太监。成祖疑惠帝亡海外，欲踪迹之，且欲耀兵异域，示中国富强。永乐三年六月，命和及其侪王景弘等通使西洋。

这就是说，成祖命郑和下西洋初衷有二：一是疑惠帝逃亡海外，追踪之；二是炫耀中国富强，不服者便武力压服。对旧港的酋长、锡兰山的国王、苏门答腊王子都是靠武力征服的，有的还在俘虏后杀掉。逼迫各国朝贡，称霸是朱棣派郑和下西洋的主要目的。

郑和历三朝，七次下西洋，到过三十余国。带来的结果是："所取得的不知名的宝物之多，不可胜数"，来朝贡的越来越多，客观上促进了中国同亚非国家的经济文化交流，但"中国所耗费的财力亦难以胜计"。至于说郑和下西洋是"世界航海史上的创举"等，我看也不过是后人的吹捧而已。

宦官擅权与东林党案

——读《魏忠贤列传》

宦官擅权是明朝后期的一大祸患，魏忠贤是晚明影响最大的宦官，他是肃宁人，少年时原本是一个无赖，因赌输自阉入宫，化名李进忠，皇帝赐名忠贤。入宫后得识熹宗乳媪客氏，并与之私通，加之很会讨好拍马，熹宗非常信任他，升为司礼监秉笔太监，并兼管特务组织东厂。手中有了权力后，他们在宫中树党揽权，排挤不依附的宦官，逼迫妃嫔，甚至诬陷皇后和正直的大臣，专断国政。

万历年间，神宗怠政，官僚队伍中党派林立，东林党、宣党、昆党、齐党、浙党等名目众多，互相倾轧。东林党是明代晚期以江南士大夫为主的政治集团。万历三十二年（1604 年），被革职还乡的顾宪成在常州知府欧阳东凤、无锡知县林宰的资助下，修复宋代杨时讲学的东林书院，与高攀龙、及其弟顾允成等人，讲学其中，讽议朝政，形成了广泛的社会影响。"三吴士绅"、在朝在野的各种政治代表人物、东南城市势力、某些地方实力派等，一时都聚集在以东林书院为中心的东林派周围。时人称之为东林党。

东林党人士吏部尚书赵南星，在朝廷中排斥反对派，于是非东林派人愤而结交魏忠贤。1624 年，魏忠贤遭到杨涟的弹劾，但幸免于难，于是开始大规模迫害镇压东林党人士。天启五年（1625 年）魏忠贤诬陷东林党的左光斗、杨涟等人有贪赃之罪，大肆搜捕东林党人。天启六年，魏忠贤又杀害了高攀龙、周宗建、黄尊素、李应升等人，东林书院被全部拆毁，讲学中止。而负责防守边疆的孙承宗、袁可立等正直大臣也因为接近东林相继遭罢官。至此，东林党被阉党势力彻底消灭。

1627 年崇祯帝朱由检登位以后，魏忠贤遭到弹劾，被流放凤阳，在途中畏罪自杀。

明代冤狱何其多

明朝冤假错案很多，除了太祖时期的胡惟庸案、蓝玉案，几乎每代都有冤狱。

名将于谦，字廷益，钱塘县人。因参与平定汉王朱高煦谋反有功，得到明宣宗器重，担任明朝山西河南巡抚。明英宗时期，因得罪王振下狱，后释放，起为兵部侍郎。1449年蒙古瓦剌兵攻明，在土木堡俘英宗（史称土木之变）。于谦力排南迁之议，决策守京师，与诸大臣请英宗弟（异母）郕王即位（代宗景泰帝）。瓦剌兵逼京师，督战，击退之。论功加封少保，总督军务，终迫也先遣使议和，使英宗得归。天顺元年因"谋逆"罪被冤杀。

张居正，湖北江陵（荆州）人，字叔大。祖籍安徽凤阳，明太祖封先祖张关保为归州千户所。张居正曾祖庶出，无法承世袭官职，迁到湖广江陵。张居正天资聪明，12岁中秀才，16岁中举人，23岁中进士，由编修官至侍讲学士领翰林事。万历皇帝登基后代高拱为首辅。当时明神宗年幼，一切军政大事均由张居正主持裁决。前后当国10年，实行了一系列改革措施：清查地主隐瞒的田地，改变赋税制度，使明朝财政状况有所改善；用名将戚继光、李成梁等，整饬边镇防务；用凌云翼、殷正茂等平定南方少数民族叛乱；严厉整肃朝廷上下。死后不久即被宦官张诚及守旧官僚所攻讦，被抄家，削尽宫秩，夺去生前所赐玺书、四代诰命。而且张居正也险遭鞭尸，家属饿死的饿死，流放的流放，后万历在舆论的压力下终止进一步的迫害。一代名相之家落得如此下场。直至天启二年（1622年）方恢复名誉。

海瑞，字汝贤，海南琼山人（祖籍晋江）。嘉靖二十八年（1550年）中举。初任南平教谕，后升淳安判官、诸暨知县；后任户部主事。1566年，海瑞买棺材，别妻子，散童仆，以死上书，劝说世宗不要相信方士骗术，应振理朝政，激怒世宗，诏命下狱论死。首辅徐阶等力救海瑞，直至同年十二月世宗驾崩，穆宗即位，才奏请释放海瑞出狱。隆庆三年（1569年）调升右佥都御史，他一如既往，惩治贪官，打击豪强，疏浚河道，修筑水利工程，强令贪官污吏退田还民，遂有"海青天"之誉，深受百姓的爱戴。后被排挤，革职闲居16年之久。万历十三年（1585年），重被起用，先后任南京吏部右侍郎、南京右都御史，力主严惩贪官污吏，禁止徇私受贿。万历十五年（1587年）病死于南京。

接受闯王教训　牢记两个务必

　　李自成，明末农民起义领袖，杰出的军事将领，米脂人，曾为银川驿卒。1629 年（崇祯二年）起义，后为闯王高迎祥部下的闯将，勇猛有识略。1643 年在襄阳称新顺王；同年，在河南汝州歼灭明陕西总督孙传庭的主力，旋乘胜进占西安。1644 年正月，建立大顺政权，定都长安，年号永昌；同年三月十八，攻克北京，推翻明王朝。四月，多尔衮率八旗军与明总兵吴三桂合兵，在山海关击败李自成。1645 年（顺治二年）在湖北通山九宫山被地主武装杀害。

　　毛泽东一生最在意研究两个人：项羽和李自成。他们的共同特点是先胜后败。项羽留下的教训是"宜将剩勇追穷寇，不可沽名学霸王"。李自成留下的教训是"万万不可骄傲"。

　　毛泽东在党的七届二中全会上的讲话中，告诫全党，要以李自成为鉴，牢记"两个务必"，至今仍然是非常必要的。

　　　　　　　　　　　　　　　《明史》选读完毕 2012 年 12 月 29 日

十八、编后话

从 2012 年 3 月 3 日开始选读《白话二十五史（精选）》和《白话二十四史（精华）》两个白话本，到今天读完一遍。

这两部书，都是只选了"正史"中的"本纪"和"列传"。这些历史人物传记，有的写得很精彩，也有的写得简略粗糙。有的人物以前了解较多，也有的很生疏甚至没听说过。因而，有的读得比较细致，有的只是粗略浏览，还有的没有去读。对各个朝代兴亡、沿革，只靠两个白话选读本，难以有个比较清楚的脉络。因此，在选读时参考摘录了一些其他资料。鉴于不同书籍和资料，对历史人物和事件的评价不尽相同，在摘录时有的作了简要说明，有的干脆回避，不加探究。

选读中所写文字，只是自己的读书记录，一方面促使自己尽量把所读的人物和相关事件搞清楚，另一方面以备自己今后查阅，别无他用。也算是"自乐"的一种形式吧。

（2012 年 12 月 29 日于南宫天地名门）

修改完《<通鉴>之"鉴"》后，又用较短时间对《正史之师》进行了修改和删节。

（2014 年 9 月 11 日 于美国圣地亚哥）

春节期间，对《正史之师》再行修订。这次修改可以说是"大刀阔斧"甚至是"忍痛割爱"。我觉得虽然文字少了许多，但少的是枯燥的、泛泛的叙述，多了些自己的感悟和活灵活现的东西，也许更能引起阅读兴趣来。但愿吧！

（2015 年 3 月 2 日 正月十二 于南宫）

第三篇　弦外之音
——选读新编史书

故事"新编"如春笋，
一本"读懂"知古今。
众说纷纭"那点事"，
百家齐鸣听"余音"。

——题解

一、前言

在我阅读过的新编历史故事书籍中，《二十五史故事》编得比较好。

《二十五史》是中国史学的宝贵典籍。《二十五史》历时久远，人物众多，文字古奥，内容浩繁，欲通此书，实属不易。三十年前，我就接触过此书，也曾下决心读一遍。但终因该书难读、难懂，费时、费力，加之工作繁忙，未读几篇，就放了下来。

2008 年国庆节，在庄河市一书店见到新出版的《二十五史故事》，拿来一看，呵！好极了，该书把《二十五史》中脍炙人口、千古传颂的篇章，编成了深入浅出、通俗易懂的故事，读起来琅琅上口。尽管它代替不了二十五史，但不失为了解《二十五史》来龙去脉和部分重要人物的一部好书。

朋友送给我的新编历史故事《中华帝王》则是部"怪书"。这本吉林一家出版社出版的"帝王"书，说是历史专著，夹杂着好多议论，而且称帝王为"先生"，称读者为"老爷"。说是文学作品，没有一个像样的"主人公"，只是隔二片三的写了一些朝代和帝王的兴衰。硬着头皮看下去，此书还是有点特点——批判主义！

凡是史书"吹捧"的帝王都被批得一钱不值。该书以"五帝"开篇，上来第一个题目是"尧帝之死"。第一段写"黄帝王朝"，把轩辕帝统一华夏说成是"历史闹剧"，并作为开篇的小标题。后面文章中说，尧帝在位六十年中，"中国充满了大苦大难"；尧舜"翁婿之间，明争暗斗"，"姚重华先生（舜）一旦翻脸，连亲爹都不认，何况岳父乎哉"，最后舜将尧迫害致死；可怜的舜帝和尧一样下场，被禹逮捕流放，死于异地他乡。这就是被人们敬仰的先帝尧舜禹的"真面目"！敢问作者的依据何在？

往下看，对夏商周的末代皇帝的残忍、荒淫、愚蠢写得淋漓尽致，并有两个标题都叫"争床斗争"，作者对反面的东西看来很有研究。只有对商汤"情有独钟"，表扬了几句。

从"五帝"看到夏商周，就是以上的概念。还继续看吗，再说吧！此书一共四卷呢，这才是个开头。

新编故事性的"史书"如雨后春笋，太多了。看一部好的——《二十五史故事》，一部怪的——《中华帝王》，也就足矣。

《一本书读懂……》也不少，几乎写每个朝代的都有。《一本书读懂中国史》还凑合，为读者勾画了中国历史的大致轮廓。而《一本书读懂宋朝》并没有使我"读懂"宋朝。

至于《……那点事》，读起来也没有那么轻松。倒是《细说大唐大全集》把一个朝代的兴衰过程及原因说得比较透。

开卷有益。不管什么类型的史书，只要认真去读，就能看出锋芒所指，听出弦外之音，品出不同味道。

攸光临

2015 年 7 月 18 日

二、正史精华

——读《二十五史故事》

一部《二十五史》，洋洋 4000 多万言，涵盖了从黄帝到清朝中华民族 5000 年的历史，刻画了数以万计的栩栩如生的人物，书写了无数撼人心弦的悲壮故事。《二十五史故事》从经典中选典型，从典型中选精华。精选了 400 多个各类有代表性的人物，他们有叱咤风云夺天下的帝王，有勇猛善战保江山的将领，有至情至性言无忌的名士，有荒淫败国乱朝政的昏君⋯⋯。他们的故事或令人钦佩，或催人泪下，或使人义愤，或激人奋进。读后我写了几万字的笔记，对一些感兴趣的人物进行了简短的点评。为尽量避免与上两篇读史札记（《通鉴之鉴》《正史之师》）重复，本札记只从阅读《史记》《汉书》《后汉书》《南史》《隋书》《旧唐书》《宋史》和《元史》故事的笔记中选了几篇文章。

英雄绝唱

——选读《史记》故事

《二十五史故事》第一篇是《史记》故事。司马迁撰写的《史记》，是一部旷古绝今的英雄史。

在《史记》中，三教九流、诸子百家、高官贱民、军伍商贾、鸡鸣狗盗之徒，皆可成为主角，只是没有一个庸人。从三皇五帝、齐桓称霸；卧薪尝胆、商鞅变法；到毛遂自荐、陈涉起义以及萧何月下追韩信，等等，篇篇都展现了中华民族的先辈们爱民如子、治国有方的优良传统和英勇善战、计谋多端；疾恶如仇、坚贞不屈的大无畏英雄主义精神。民族之魂是值得我们永远提倡的。

三皇五帝

1961年上初二时，张校长给我们讲毛泽东著作《中国革命和中国共产党》。他对书中第一句话："自从盘古开天地，三皇五帝到如今"，足足讲了一节课，还没有讲完。现在，虽然对这件事记忆犹新，但毕竟过去五十多年了，只记得张校长讲的大概意思，记不得详细内容了。

《二十五史故事》第一个是"华夏五帝"。我竭力去想张校长的讲解，终于想起了盘古开天地的故事：传说最初天地混沌未开，像一个鸡蛋，盘古就生在其中，经过18000年，天地被他一斧子劈开，阳清之物上升为天，阴浊之物下沉为地，盘古在天地之间"一日九变"，最后长成一个无限高大的顶天立地的人。到他死的时候，呼吸化成了风云，声音化成了雷霆，左眼化为太阳，右眼化为月亮，头颅和四肢化成了五岳，血液化为江河，肌肉化为田地，皮毛化为草木，身上的虫子则化成了人类。

"三皇"是谁呢？求助网络吧。打开电脑一查，哇！"三皇"有好多说法：天皇、地皇、人皇；伏羲、女娲、神农……远古的事谁说得清？知道他们都是华夏祖始也就可以了。

至于"五帝"，也有不同说法。《二十五史故事》开篇是这样说的："黄帝、颛顼（zhuān xū）、帝喾（kù）、帝尧和帝舜，是史书上常常提到的五帝"。

千古之鉴

我在初中学过《齐桓公称霸》。现在重读这篇《史记》故事，分析齐桓公称霸诸侯的原因，我觉得最基本的经验就是：重视人才，尊重人才。

桓公与管仲曾有一箭之仇。想当初，无知杀死堂兄齐襄公，公子纠和小白分别躲到邻国避难。后来，无知被仇人暗杀。在公子纠和小白回国争夺王位的路上，辅佐公子纠的管仲一箭射中小白衣带钩，小白装死。纠自认为王位到手，放慢返京步伐。哪知六天后，小白先期到达齐国登位，称齐桓公。

管仲被押到齐国。桓公听了大臣鲍叔牙的劝谏，不但不计前仇，没杀管仲，反而拜他为大夫，请他主持国政。

齐鲁会谈、签订盟约时，桓公突遭鲁将行刺，要求其归还霸占鲁之国土。桓公被迫答应。脱险后桓公想要反悔、食言弃约。管仲劝他："贪小利，意气用事，有失信于诸侯，那样就会失去天下人的支持。"桓公听之，将鲁国土全部归还。诸侯们见桓公恪守诺言，都觉得值得信赖。两年后，诸侯聚会推举桓公主持。从此确立了桓公的霸主地位。齐桓公开始号令天下，创下了称霸诸侯的辉煌业绩。

重视人才、尊重人才，说起来容易，做起来就难了！尤其是重视重用杀己未遂的人、尊重他人意见满足刺杀未遂者的要求，恐怕很多现代领导者也是难以做到的。这正是齐桓公成功之举，称霸之道啊！

当初，齐桓公胸怀大度，选贤任能。重用鲍叔牙、管仲等有雄才大略、治国有方的人才，终成中原首霸之大业。然而，由于英雄不重晚节，听信奸佞，朝政腐败，只落的软禁待毙，食不充饥，气饿而亡，死后陈尸的悲惨下场。

下面是从其他资料摘录的司马迁没有记载的一段文字：

晚年的齐桓公，已失锐气，不思进取，并与管仲等创业老臣逐渐疏远。一些阴谋篡权的小人趁机投其所好，骗取了他的信任。尤其是易牙、竖刁、开方三个奸佞，更是集千古溜须拍马之大成，而齐桓公竟然对他们深信不疑。他全然不知这些人在溜须拍马的背后包藏着祸心，并在管仲死后，很快就对三人委以重任。

　　三人窃取国家大权后，便背着齐桓公进行了一系列阴谋活动。特别是趁齐桓公病重之机假传圣旨，不准齐桓公的子女及众大臣入内探望，切断了他与外界的所有联系；继而断了齐桓公的饮食，让他活活饿死，同时派兵追杀太子昭，改立太子；齐桓公饿死后又密不发丧，趁机追杀其他五子、旧臣，使齐桓公的尸体放置数天无人问津。后来虽经太子昭复位除奸，但齐国从此一蹶不振，不仅失去了霸主地位，而且最终被秦国所灭。

　　综上所述，齐桓公为谋霸业，不杀仇人，本已属大度；重用仇人，更绝非一般。桓公听从鲍叔牙，重用管仲，的确是唯才是举的千古师表。然而可悲的是，同样是他，到了晚年却因重用奴才而误国。

　　齐桓公因重用人才而称霸，因重用奴才而败国，可谓千古之鉴呀！

大风起兮

——选读《汉书》故事

　　《二十五史故事》第二篇选自《汉书》。《汉书》的体例与《史记》相比，已经发生了变化。《史记》是一部通史，《汉书》则是一部断代史。这种写法被后来的一些史书沿袭下来。

　　"大风起兮"引自刘邦的诗《大风歌》中第一句"大风起兮云飞扬"。

　　从思想内容来看，《汉书》不如《史记》。班固曾批评司马迁"论是非颇谬于圣人"。这集中反映了两人的思想分歧。所谓"圣人"，就是孔子。司马迁不完全以孔子思想作为判断是非的标准，正是值得肯定的。而班固的见识却不及司马迁。从司马迁到班固的这一变化，反映了东汉时期儒家思想作为封建正统思想，已在史学领域立稳了脚根。

大风歌台

　　本人佼姓，属稀少姓氏，《百家姓》上没有，周围县市也未发现同姓人。由于自己孤陋寡闻，还曾认为佼姓属我们佼家寨独有！那年，有机会去了一趟山西洪洞县：专门到了"老槐树"底下"寻根问祖"，答案是：（佼姓）来源不明，分布不详。那时我们姓佼的在我村不足千口，真的比少数民族还少呢。谁知佼姓并非佼家寨的"专利"，有一天突然从斜刺里"杀出"一支"佼家队伍"，打破了佼家寨"垄断"佼姓的局面。这支队伍就来自刘邦的故乡——江苏沛县"大风歌台"之旁。

　　应沛县佼氏之邀，河北佼家代表我等三人访问了沛县。除了盘根问底，论祖排辈之外，佼永光、佼兴华等爷们弟兄把我们看成是老家的亲人，热情地领我们把沛县看了个遍。他们最感自豪的是刘邦的老乡，是樊哙的同行（樊哙卖狗肉、佼家开饭店）。自然，首先领我们参观了纪念刘邦的"大风歌台"。

　　高大雄伟的"大风歌台"坐落在汉街的北面。"大风歌台"的来历当然是《大风歌》，《大风歌》在《汉书》中是这样记载的：

　　秋七月，淮南王布反。上问诸将，滕公言故楚令尹薛公有筹策。上召见，薛公言布形势，上善之，封薛公千户。诏王、相国择可立为淮南王者，群臣请立子长为王。上乃发上郡、北地、陇西车骑，巴、蜀材官及中尉卒三万人为皇太子卫，军霸上。布果如薛公言，东击杀荆王刘贾，劫其兵，度淮击楚，楚王交走入薛。上赦天下死罪以下，皆令从军；征诸侯兵，上自将以击布。

　　十二年冬十月，上破布军于会缶。布走，令别将追之。

　　上还，过沛，留，置酒沛宫，悉召故人父老子弟佐酒。发沛中儿得百二十人，教之歌。酒酣，上击筑自歌曰："大风起兮云飞扬，威加海内兮归故乡，安得猛士兮守四方！"令儿皆和习之。上乃起舞，忼慨伤怀，泣数行下。谓沛父兄曰："游子悲故乡。吾虽都关中，万岁之后吾魂魄犹思沛。且朕自沛公以诛暴逆，遂有天下，其以沛为朕汤沐邑，复其民，世世无有所与。"沛父老诸母故人日乐饮极欢，道旧故为笑乐。十余日，上欲去，沛父兄固请。上曰："吾人众多，父兄不能给。"乃去。沛中空县皆之邑西献。上留止，张饮三日。沛父兄皆顿首曰："沛幸得复，丰未得，唯陛下哀矜。"上曰："丰者，吾所生长，极不忘耳。吾特以其为雍齿故反我为魏。"沛父兄固请之，乃并复丰，比沛。

汉别将击布军洮水南北，皆大破之，追斩布番阳。

刘邦在战胜项羽后，成了汉朝的开国皇帝。这当然使他兴奋、欢乐、踌躇满志，但在内心深处却隐藏着深刻的恐惧和悲哀，这首《大风歌》就生动地表现出他矛盾的心情。

他得以战胜项羽，是依靠许多支部队的协同作战。项羽失败后，为避免这些部队联合谋反，刘邦在登上帝位的同时，他把主要部队的首领封为王。公元前196年，淮南王英布起兵反汉，刘邦亲自出征，很快击败了英布。在得胜还军途中，刘邦顺路回了一次自己的故乡——沛县，把昔日的朋友、尊长、晚辈都召来，共同欢饮十数日。一天酒酣，刘邦一面击筑，一面唱着这一首自己即兴创作的《大风歌》，而且还慷慨起舞，伤怀泣下。

对第一句"大风起兮云飞扬"，唐代的李善曾解释说："风起云飞，以喻群雄竞逐，而天下乱也。"下句的"威加海内兮归故乡"，则是说自己在这样的形势下夺得了帝位，因而能够衣锦荣归。所以，在这两句中，刘邦无异坦率承认：他之得以"威加海内"，首先有赖于"大风起兮云飞扬"的局面。作为皇帝，要保住天下，必须有猛士为他守卫四方，但世上有没有这样的猛士？如果有，他能否找到他们并使之为自己服务？这就并非完全取决于他自己了。所以，第三句的"安得猛士兮守四方"，既是希冀，又是疑问。可以说，他对于是否找得到捍卫四方的猛士，也即自己的天下是否守得住，不但毫无把握，而且深感忧虑和不安。也正因此，这首歌的前二句虽显得踌躇满志，第三句透露出前途未卜的焦灼和恐惧。因而，在配合着歌唱而舞蹈时，他"慷慨伤怀，泣数行下"了。

明君昏王

明君与昏王，似乎不可相提并论，更难以想象二者集一人之身。然而，据《二十五史故事》记载，秦始皇、汉武帝这些被称为雄才大略、创建霸业的一代风流，都是这样的人——英雄开篇、悲剧结局。

秦始皇作为中国历史上第一位皇帝，秦王朝的创立者，是中国古代杰出政治家。他灭六国，统天下，实行郡县制；车同轨，书同文，统一度量衡；建立了封建专制主义的统治体系。其政治实践对历史发展产生了深远的影响，被赞为"千古英雄""千古一帝"。但在他统一天下之后，却把很大的精力投入到了寻神求仙的活动中。为此，他巡游全国、北击匈奴、坑杀儒士、兴建宫室，不惜一切手段企图长生不死，以至最后死在了巡游求仙的途中。秦始皇的求仙活动对秦王朝的统治产生了巨大影响，加速了秦朝的灭亡。

无独有偶，汉武帝紧步秦王之后尘、重蹈其覆辙——走上求仙寻药的不归路。汉武帝和秦始皇一样，是历史上著名的政治家。他是西汉第五位皇帝。七岁被立为太子，十六岁登基为帝，到七十岁驾崩，历五十四年，是第一个在位时间最长的皇帝（在位时间数三，另外两位在位时间最长的皇帝是康熙和乾隆）。汉武帝是历史上有名的"明君"，他即位后便励精图治，对内揽人才、兴文教、振经济，对外伐四夷、通西域、显国威，把西汉王朝推向极盛。就是这位"英明"的皇帝，到头来，也没有能够摆脱秦始皇的"怪圈"，干起了"寻神求仙"、妄想"长生不老"的蠢事。这也难怪，汉朝到了他这一代，疆域拓展，四海臣服，他是皇帝，享尽人间极乐，唯有能否当真"万寿无疆"，才是他的一块心病。于是求不死之药，求长生之术，求异人仙境，便成了他最热衷的事情。可以说，这位雄才大略的帝王，一辈子都在求仙，一辈子都在受骗。

方士少翁，知汉武帝思念已去世的宠妃王夫人，在夜里以方术让汉武帝自帷中望见王夫人现身，于是少翁就被封为"文成将军"。后来，这位"文成将军"竟"为帛书以饭牛"，并称"此牛腹中有奇书"，结果被汉武帝认出他的手迹，汉武帝才不把他当神仙了。

方士栾大对汉武帝说：他的老师（即古代仙人安期）告诉他："黄金可成，而河决可塞，不死之药可得，仙人可致也。"要汉武帝"贵其使者令为亲属""使之通言"，于是汉武帝拜栾大为"五利将军"，封"乐通侯"（此所谓"贵其使者"），又把卫长公主嫁给他（此所谓"令为亲属"），派他入海求其师。这两位令汉武帝受骗上当的方士最后都被汉武帝识破机关并掉了脑袋。后来，又发生了"巫盅之乱"，在坏人挑唆下，以制木人诅咒武帝为罪名，杀了几万人，连他的太子、两个孙子也未能幸免。

从明君到昏王，是由他们的阶级本质决定的。然而，他们的悲剧结局，是值得我们思考的。

王莽之死

在我们家乡南宫市盛传王莽赶刘秀的故事。至今村名还有刘秀曾题诗的"留诗村"、刘秀晾晒衣服的"晒衣村"。据说，早年旧城有刘秀吃饭的"卖饭亭"遗址、下雨后董家庙村有刘秀睡觉的席印，等等。在邻县新河仁让里有刘秀讨枣的传说。以上故事不好确认，但历史上王莽确实赶过刘秀。

王莽，汉元帝之内侄。因其父未被封侯，莽极力自我克制，装作谦逊老实，骗得皇帝信任。成帝提拔他为全国军事大司马。后来皇后任莽为太傅，最后趁机夺权，自命真天子，改政"新"朝。

刘秀，东汉光武皇帝。王莽末年，刘秀和李铁在河南南阳举兵起事。怎奈王莽军队庞大，作战凶猛。刘秀数千名将士，见状落荒而逃。这才有了王莽赶刘秀的故事。

　　然而，由于王莽当上皇帝后，在土地、货币方面搞了一些改革，并且是强制推行。好多人因违背政令被关被杀。由此引起众怒，纷纷起来进行反抗。最后，造反者占领了长安城，冲进皇宫，砍死王莽，众人把他剁成了肉酱。惨极了！

　　成者王子败者贼。刘秀成了东汉开国皇帝，王莽则遗臭万年！

河洛苍茫

——读《后汉书》故事

　　王莽的新王朝是一个短命政权。刘秀在昆阳之战显示了自己的勇敢和机智，壮大了自己的势力。并于公元 25 年在洛阳建立了东汉（也称后汉）政权。经过十几年的努力，最终，战乱的中国被他统一。王莽赶刘秀，刘秀到处逃。然而，最后刘秀战胜王莽，当了皇帝。我觉得主要原因有以下几条：

　　一是正统观念的影响。人们不把王莽建立"新"政权看成是正常的改朝换代，而认为是王莽篡夺政权，大多数人反王保刘。

　　二是王莽改革失败。王上台后，采取了一系列的改革措施，平均地权、改革货币，但没有得到多数人的拥护。在困难和抵触面前，没有采取疏导的办法，而是用"违者杀头"来硬压，结果杀了成千上万人，包括诸侯、大夫，引起众怒，群起而攻之，只落得死无完尸的悲惨下场。

　　三是刘秀打仗策略性强。善于做将士的思想工作，关键时候能身先士卒、冲锋陷阵，终于转败为胜。

　　四是刘秀及时采取了制止战乱、保持稳定的政策。

　　总的说，就是一条：刘秀得了民心，得民心者得天下。

烟雨楼台

——读《南朝五史》故事

《二十五史故事》第六篇"烟雨楼台"讲的是《南朝五史》中的故事。其中《南朝节俭开国》《宋文帝自毁长城》《梁武帝自食其果》讲的就是清廉开国和腐败灭亡的故事。

公元420年，东晋恭帝司马德文让天下于宋王刘裕。此后，中国南部宋、齐、梁、陈四个朝代相继建立，都以禅让方式取得天下。这四个朝代总历162年，政权交替频繁，历史上称这一时期为南朝。

南朝的第一位皇帝——宋王刘裕生活非常简朴，治国很有作为。刘裕自幼丧母，家境贫寒。随继母织履砍柴为生。他虽识字不多，但深知简朴之好处，奢淫之危害。当了帝王，从不装饰宫殿车马服玩，也不欣赏歌舞丝竹。有一次宁州进献琥珀枕，晶莹美丽，价值百金。裕欲北伐，见此大喜。因琥珀可治枪伤，即令将其砸碎分给诸将。有人送石床给裕治伤，效果很好，但他怕因此有人送银床、金床，奢风一开，不可收拾，便令人将石床砸碎。刘裕还立下规矩，财帛入库，不许入宫。公主出嫁遣送不过20万钱，不许置办锦绣金玉。裕日常只穿家常裙帽木拖鞋，装束十分简朴。齐高宗萧道成出身贫寒，深知民间疾苦，即位后大力提倡节俭。本人从不用金银玉器，并曾说："如果让我治理天下十年，我一定让黄金像泥土那样不值钱！"梁、陈的开国皇帝也都很简朴。

开国皇帝的后代，有些继承先辈作风，清廉节俭，国泰民安。也有一些不肖子孙生活上奢侈腐败，政治上妒贤嫉能，结果毁了自己，亡了国家。像宋废帝刘子业母病不问不闻，不仁不孝；霸姐占姑，丧失天良；视叔辈为猪驴，肆意虐待，百般凌辱；王妃公主、后宫婢奴，任其蹂躏。众臣忍无可忍，最后联合起来将其杀掉。梁武帝尽管自己十分克己，但他在政治上非常软弱无能，纵容子弟为非作歹，最后自食其果，断送了江山。宋文帝听信谗言，无辜杀害前朝忠良，同样是自毁长城，江山难保。

在南朝中，开国皇帝和随同创业的子侄们都很节俭，受到拥戴。而自幼生在皇宫，不知世事艰辛的子孙们，则多挥霍无度，腐败堕落，最终亡国。历史的教训值得借鉴！

垂杨暮鸦

——读《隋书》故事

《二十五史故事》第七篇题目是"垂杨暮鸦"。这个题目是什么意思？源于何处？经查，它是从晚唐诗人李商隐所作《隋宫》中的诗句"终古垂杨有暮鸦"演化来的。原诗是：

> 紫泉宫殿锁烟霞，欲取芜城作帝家。
> 玉玺不缘归日角，锦帆应是到天涯。
> 于今腐草无萤火，终古垂杨有暮鸦。
> 地下若逢陈后主，岂宜重问后庭花。

该诗是作者游江淮时，目睹南朝和隋宫故址，有感而作。这首诗写隋炀帝寻欢作乐、奢侈昏庸，成了和陈后主一样的亡国之君。讽古是为喻今，告诫晚唐的那些荒淫腐朽、醉生梦死的统治者。

（紫泉喻长安，芜城指江都，日角喻帝王面相，锦帆指隋炀帝下江都乘坐的龙舟。垂杨指运河两岸的垂柳，后庭花指陈后主作的舞曲名）

隋朝（581 年—618 年）结束了自西晋以来近三百年的分裂局面，重新统一了中国。开国皇帝杨坚勤于政事，节俭爱民，采取措施，全面改革，使隋朝经济、政治、文化等方面都出现了前所未有的繁荣景象。隋炀帝杨广荒淫奢侈、残虐百姓，民不聊生，揭竿而起，导致隋朝灭亡。

隋朝名义上共传五帝，实际却是两世而亡。而且，五帝全是横死：杨广杀父、部下勒死杨广，其余三帝皆为傀儡，终被害死。隋朝实际历时38年，是历史上存在较短的朝代之一。关于隋朝兴亡，《二十五史故事》第八篇中的"杨坚终成帝业""隋初大治""隋炀帝灭国亡家"进行了叙述和分析。

杨坚陕西华阴人。坚自幼聪明过人。14岁从军，16岁升任骠骑大将军。后官至北周大丞相。581年废除年幼的周静帝，建立隋朝，称隋文帝。在位24年，被杨广杀害，终年64岁。

隋文帝建国后，在政治上改革了官制，建立"五省六部"，加强了中央集权；制定了《开皇律》，改革了法律制度；创立了科举制度。在经济上，实行均田制、减轻农民负担、整顿户口；在发展生产上，大兴屯田、兴修水利、统一货币。这样以来，经济迅速发展，粮食布帛国库存满。国库储备够用五十年。可惜充裕的粮帛埋葬了隋炀帝，他过高估计国力，一方面挥霍无度，一方面发动对外战争，引发农民起义，隋初的大好形势毁于一旦。

隋炀帝是历史上出名的暴君。他年幼聪明好学，13岁被封为晋王。18岁通过阴谋手段，骗文帝废杨勇立杨广为太子，仁寿四年（604年）杨坚死后登基为隋炀帝。他上台后，大兴土木，穷奢极侈，寻欢作乐，荒淫无度。修宫殿，凿运河，游江都，征高丽，民不聊生，怨声在道。为了夜游，他让人捕捉无数萤火虫，晚上放出来，竟照得岩谷通明。这就是李商隐"于今腐草无萤火，终古垂杨有暮鸦"诗句的来历。最后，隋炀帝也成了和陈后主一样的亡国之君。

三面镜子

——读《旧唐书》故事

《二十五史故事》"人君明镜魏征"一文中说，魏征死后唐太宗上朝总是叹息道："以铜为镜，可以正衣冠；以古为镜，可以知兴替；以人为镜，可以明得失。我曾经俣有这三镜来经常反省自己，以防出现差错。现在魏征去世了，我失去了一面镜子。"

"三面镜子"照得李世民心明如镜，才有了历史上称为"贞观之治"的太平盛世。共产党的每一位领导干部是不是也应以史为鉴，经常用三面镜子照照自己呢？

潘杨之怨

——读《宋史》故事

唐史多纪录宫廷之事，歌颂的是帝王将相。而在《二十五史故事》第十一篇宋史部分，不少篇幅纪录了杨家将、岳家军、文天祥等抗击少数民族入侵中原的征战故事，歌颂的是"民族英雄"。这些故事被后人编成各种戏曲、小说、评书等文艺作品，在民间流传十分广泛。然而，"评书"不等于史书。文艺作品在尊重历史基本事实的基础上，进行了虚构、加工，夹杂了作者的观点和感情，也在一定程度上反映了人民群众的意愿，为民众所接受，才得以流传。

前些天有个同学说，历史上的潘杨怨并不像戏曲中说的那样，潘仁美有过，但不是故意陷害。可是他说不出出处。读了《二十五史故事》才发现确实如此。《杨无敌折戟陈家谷》一文中说，杨业原是北汉战无不

197

胜的名将，百姓称他为"杨无敌"。归顺大宋后，很受太宗重视让其镇守代州，防御契丹入侵。雍熙三年，宋攻契丹。杨任潘的副将。战争失利，杨业主张掩护百姓撤离。监军王优执意主战。杨明知此举必败，也只有无奈出兵。临行泪对潘美要求潘王在陈家谷埋伏接应。但是，不等杨业回来，王优便把伏兵带离。"潘美无力制止"（书中原话）。杨业败退后，陈家谷早无伏兵相助，杨业最终被俘，绝食身亡。其子杨廷玉战死疆场。既无杨业碰碑、也无众子捐躯的记载。事后，潘美被降三级，王优除名发配。得到应有的处罚。后人编了好多可歌可泣的故事，以纪念杨家将。

不为素餐

——《元史》故事中的郭守敬

据《元史》记载，郭守敬字若思，邢台人。元朝王府书记张文谦把郭守敬推荐给忽必烈，郭守敬向忽必烈提出了六条治水建议，忽必烈听后高兴地说："如果我们的官员都像这个年轻人这样有眼光有见识，思虑周密，那就没有白吃饭的了。"郭守敬接着提了引顺德城外的达泉灌溉城东土地的建议。忽必烈非常高兴，重复说"任事者如此，人不为素餐矣！"

郭守敬不仅是水利专家，还是天文学家。他制造了新的简仪、高表、侯极仪、立运仪等仪器，准确地确定节气，新编了历书，为农业的更快发展作出了贡献，并为后世留下了大量的科学技术财富。

（2009年2月9日）

三、怪书不怪

——读《中华帝王》

今读《中华帝王》，起初觉得该书挺奇怪。仔细揣摩，怪书也有不怪处。比如，该书谴责了夏桀、纣王和秦始皇父子横征暴敛、大兴土木的行为，赞扬了"文景之治"，崇尚朱元璋的好学善思。

大兴土木——亡国之兆

夏桀、纣王和秦始皇父子都是历史上出名的暴君。他们的一个共同特点是横征暴敛、兴师动众、修台造宫、大兴土木、劳民伤财、官逼民反，最后落得身败名裂、亡朝灭国。

对夏桀之流建台造宫、醉生梦死的荒淫无度的腐败堕落生活，《中华帝王》是这样记载的：夏桀在首都安邑（山西夏县）用最美的玉建造了一座宫殿，叫瑶台。他把天下美女、金银财宝聚在瑶台宫，招徕歌舞明星、侏儒闲帮，使瑶台宫成为一个"欢乐世界"，由他尽情玩乐。"他在皇宫开凿了一个约有五平方公里的巨池，用酒把它装满，乘着豪华精致的画舫，在酒池荡漾。然后他阁下松开抱着美女的御手，向上一扬，立刻响起鼓声，就有三千余名男女，像牛喝水样的俯向酒池喝酒。"有的"喝着喝着，头昏脑胀，咕咚一声，掉进酒池，活活淹死。"而夏桀"目睹奇景，忍不住纵声大笑"。商纣王修的鹿台更豪华，玩乐方式更"新颖"，"以酒为池，悬肉为林"，下令男女一律脱光，在酒池打闹追逐。秦始皇和胡亥父子相继修建阿房宫，工程之大、用工之多，都是史无前例的。

阿房宫前殿东西宽约 700 米，南北长约 50 米，上面可坐万人，下面可树五丈大旗。殿前铸有 12 金人，各重 24 万斤。这座两代皇帝没修完的阿房宫，后被项羽焚烧，一连三个月还没烧完。这些暴君大兴土木，寻欢作乐，最终成了埋葬自己的掘墓人。

历史的经验教训值得注意，这是毛泽东主席曾经警示过的。党中央一贯强调禁止修建楼堂馆所，反对铺张浪费，反对奢侈堕落，禁止违规大兴土木。然而，少数地方官员出于当地利益，甚至自己的名利而不顾大局，令不行、禁不止，我行我素。我想，与中央的政策背道而驰、与群众的愿望背道而驰，最终是站不住脚的。

文景之治

西汉文帝、景帝两代四十年左右的时间，政治稳定，经济生产得到显著发展，历来被视为封建社会的"盛世"，史称"文景之治"。

该书称汉文帝"与民休息，堪称楷模"，说他在位 23 年，采取的基本国策是"与民休息，安定百姓"：一是偃兵务农。对南粤和匈奴，和亲防御并重，保持边塞安定，把更多人力、物力、精力用到发展农业上；二是减刑节用。精简卫队，减轻刑罚，节约开支；三是为政清明。从谏如流，知错必改。君臣上下一心，通力治国。带来经济繁荣，国泰民安。

汉景帝刘启即位后，继续奉行文帝的治国方针，保持安定，发展生产，休养生息。对内采取重农、薄敛、轻刑和教化的措施；对外继续和亲匈奴。同时，景帝性格温柔淳厚，穆静仁慈。但是非分明，知人善任，能够选贤任能。

过去常说"贞观之治"，实际上汉文帝、汉景帝时期，比李世民的贞观年间朝里朝外、国内边塞更安定、更和谐。生产发展，经济繁荣，百姓安居乐业，国家富裕强盛。

朱元璋的"札记"

　　明太祖朱元璋，字国瑞。祖籍沛，后迁江苏句容，再迁安徽泗州。其父朱世珍又迁往安徽凤阳。朱元璋十七岁那年，安徽发生旱蝗灾害，父母兄长相继病死，家贫无法安葬，刘姓邻居给了他一块坟地，埋葬了父母。这就是后来的凤阳陵墓。朱元璋孤身一人，无依无靠，只好到皇觉寺当了和尚。就是这样一个贫困潦倒的穷孩子，后来居然当上了皇帝。其实，并不奇怪。除了他身材魁伟，英勇善战，受到器重，得到锤炼外，还得益于善于思考，常写"札记"，不断总结经验教训，使得自己更加文韬武略，智勇双全。《二十五史》记载：在戎马生涯中，"朱元璋养成了把思考的事情随时记下来的习惯，后人称此为'札记'。——这对于朱元璋随时总结经验教训，处理好各方面的关系，起了重要的作用。"

　　朱元璋肯于学习，善于思考的精神值得后人学习。

（2009 年 10 月）

四、浅析古代的民族关系

——《一本书读懂中国史》笔记（节选）

民族关系是中国历史上的一个重要问题。古代历史上汉族与少数民族的关系看起来很复杂，我归纳了一下，不外乎武力征服、和平共处、屈膝求和、"外族"统治这四种形式：

1. 武力征服

（1）黄帝征南。黄帝战胜炎帝和蚩尤之后，南方很多部落不服，黄帝继续对他们进行武力征讨，经过 52 次大战，征服南方部落，统一中国。

（2）大禹征苗。禹分九州后，通过武力征服了居住在江汉流域的三苗，控制范围逐渐扩大。

（3）周破西戎。西戎是古代华夏族人对西方少数民族的称呼。周文王之父季历时，已展开了对周围各游牧羌戎的兼并和征伐。周文王羑里获释，纣王"赐之弓矢斧钺，使西伯得征伐"。于是伐犬戎、密须。周宣王内整吏治、外攘"四夷"（东夷、南蛮、西戎、北狄）宣王四年，使秦仲伐戎，失败被杀，宣王召秦仲之五子，予兵 7000 破戎，西戎稍却，秦迁居犬丘，周封秦仲之长子为西垂大夫，即秦庄公。五年，猃狁（犬戎）侵周至泾水北岸，宣王派南仲筑城于朔方，尹吉甫击败猃狁，逐至太原，一时西戎臣服。

（4）秦拒匈奴。匈奴，蒙古大草原游牧民族的总称。为了抵御匈奴的骚扰，秦、赵、汉三国分别在北方筑起长城。秦统一六国后继续修筑长城拒之。秦将蒙恬北击匈奴，收河套，"却匈奴七百余里，胡人不敢南下而牧马"。

（5）秦瓯战争。第一次秦与百越（两广诸国）的战争是公元前 219 年秦始皇命令屠睢率领五十万大军南下攻击百越，百越土著部队的最初首领是西瓯国首领译吁宋，故称"秦瓯战争"。作战中，秦军阵亡 30 万人上下，剩下的 20 万人退到两广北部边界，双方对峙了 3、4 年。后来，秦连续发动了第二、第三次对越战争，终于征服百越。从此，广西和广东才成为中华版图的一部分。

（6）汉匈战争。又称汉匈百年战争，是指西汉初年，对匈奴的一系列战役，双方各有胜负，前后历经 130 余年的战争。西汉初，匈奴不断犯汉。从公元前 133 年到前 119 年，汉武帝先后派卫青、霍去病等将领率部进行了马邑之战、漠北之战等对匈战争。汉宣帝本始三年（前 71 年），汉遣五将军率 16 万骑兵，乌孙发兵 5 万骑兵，共击匈奴，取得了对匈战争的最后胜利。

（7）蜀平南蛮。东汉末年，魏、蜀、吴三分天下。蜀丞相诸葛亮受昭烈帝刘备托孤，立志北伐，以重兴汉室。就在这时，蜀南方之南蛮又来犯蜀，诸葛亮当即点兵南征。首战诸葛亮就大获全胜，擒住了南蛮的首领孟获。孟获不服，孔明放了孟获。蜀兵七擒孟获，南蛮服输归顺。

2. 和平共处

具体形式主要有"四通"：

（1）建交通使。互相承认，互派使节。

（2）互市通商。隋唐和突厥的互市非常频繁，双方在政治经济方面的联系很密切。隋朝应突厥之请，"缘边置市"，在幽州、太原、榆林等地开设榷场，准许民间"交相往来，吏不能禁"。这种比较自由的贸易，吸引着草原上的牧民不断南下，使得长城沿线出现了"人民羊马，遍满山谷"的景象。到了唐代，一部分突厥部落继续与中原保持着大规模的贸易，史称双方"甲兵休息，互市交通""彼此丰足，皆有便宜"。

（3）和亲通婚。如：唐皇与少数民族首领通婚共 23 次，文成公主、金城公主嫁给吐蕃国王，促进了双方友好。还有汉代昭君出塞，换来北方平安。

（4）册封通治。如唐皇对于回纥（古北方民族）、南诏和渤海国，通过册封建立正式君主和属国关系，招抚归顺。

3. 屈膝求和

（1）儿皇称帝。五代时期，石敬瑭认贼作父，当上"儿皇帝"。936年夏，石敬瑭与桑维翰勾结契丹，认契丹主耶律德光为父，并将幽云十六州拱手献给契丹，另加岁贡帛三十万匹。十一月，契丹主在太原册立石敬瑭为大晋皇帝，改元天福，国号晋，史称后晋。

（2）宋辽和约。宋真宗时期，辽萧太后亲率大军深入宋境。真宗畏敌，欲迁都南逃，因同平章事（宰相）寇准、毕士安坚持，宋真宗一行抵澶州。寇准力促宋真宗登上澶州北城门楼以示督战。在形势有利的情况下，宋屈辱求和，与辽订立包括胜方宋朝每年向辽提供军费银十万两、绢二十万匹的合约。史称"澶渊之盟"。

（3）宋金和议。宋军在反击金的入侵中已取得一定的胜利，但宋高宗与宰相秦桧唯恐有碍对金议和，解除了韩世忠、张俊、岳飞三大将的兵权，甚至制造岳飞冤狱，使抗战派对投降议和活动无法进行反对。绍兴十一年双方达成和约：向金称臣，割地、纳贡。史称"绍兴和议"。

4. "外族"统治

（1）鲜卑族。中国古代东胡系民族。居于鲜卑山（今大兴安岭），因此为族名。西晋灭亡后，北方各族部的统治者形成了纷争割据的局面，在 100 多年中先后建立了许多政权，史书称"五胡十六国"，在这 100 多年中，鲜卑族先后建立九个政权：辽西（今辽宁、河北一部）、代（今内蒙古西部、山西北部，后改北魏，逐渐统一北方）、宇文（史称北周，今河北北部）、前燕（今河北、山西、河南和辽宁一部分）、后燕（今河北、山东、山西和河南、辽宁一部分）、南燕（今山东、河南一部分）、西燕（今陕西、山西一部分）、西秦（今甘肃西南）、南凉（今甘肃西部、青海一部分）。公元 376 年，前秦王苻坚灭代。淝水之战后，前秦统治瓦解。公元 386 年，鲜卑拓跋珪恢复代政权，后改国号为魏，史称"北魏"。拓跋珪死后，其子拓跋嗣（北魏明元帝）、孙北魏太武帝拓跋焘承其前业，征服了漠北一带。于公元 431 年灭夏，平山胡，西逐吐谷浑，又于 436 年灭北燕，439 年灭北凉，统一北方，南北朝对峙局面正式形成。

（2）契丹族。中古出现在中国东北地区的一个民族。自北魏开始，契丹族就开始在辽河上游一带活动，唐末建立了强大的地方政权，唐灭亡的 907 年建立契丹国，后改称辽。公元 916 年，辽太祖耶律阿保机称帝，建立了奴隶制国家——契丹国。确定皇权世袭，建立军队，制定法律，修建都城，制造文字，此后继续向外扩张。西打到甘州回鹘，东灭渤海国，南占燕云十六州，统治中国北方。

（3）女真族。11 世纪，生活在黑龙江和松花江流域的从黑水靺鞨遗留下来的通古斯族群的女真族，向契丹人称臣。女真人的领袖完颜阿骨打在 1115 年统一了女真族各个部落，攻打下了辽国的北方首都上京。然后占领宋朝大部分土地，建立了齐、楚等傀儡政权。稍后，建立金国。1126 年，金人入侵宋朝。宋朝首都开封沦陷，金成为北方的统治者。

（4）蒙古族。蒙古族是中国一个历史悠久的民族，长期生活在蒙古高原上。1206 年，蒙古贵族在斡难河源奉铁木真为大汗，尊号成吉思汗，蒙古汗国（大蒙古国）建立。1271 年元世祖忽必烈改国号为"大元"。1218 年后，相继灭西辽、西夏、金国，1246 年招降吐蕃，1253 年灭大理，1276 年灭南宋，1279 年消灭南宋残余势力，元朝最终统一中国。

（5）满族。满族的祖先是女真人。1616 年（明万历四十四年，后金天命元年），清太祖努尔哈赤建国称汗，国号大金，史称"后金"。1636 年（明崇祯九年，清崇德元年），清太宗皇太极称帝，改国号为"大清"。1644 年（明崇祯十七年、清顺治元年），李自成的大顺军攻占北京，明朝灭亡；驻守山海关的明将吴三桂降清，清摄政王多尔衮指挥清军入关，打败大顺农民军；同年清顺治帝迁都北京，清朝从此取代明朝成为全国的统治者。入关后 20 年时间里，清朝先后灭亡大顺、大西和南明等政权，基本统一全国。清朝鼎盛时领土达 1300 万平方公里。疆域西跨葱岭，西北达巴尔喀什湖，北接西伯利亚，东北至黑龙江以北的外兴安岭和库页岛，东临太平洋，东南到台湾及附属岛屿钓鱼岛、赤尾屿等，南至南海诸岛。

（2010 年夏）

五、大唐兴亡

——读《细说大唐大全集》

《细说大唐大全集》是"细说中国大历史"系列丛书之一。由周水琴主编，中国华侨出版社出版。

本书特色

编者在"前言"中说："中国的历史源远流长，为将中国历史说清，历代历史学家用毕生精力著书立说，为后世留下了大量历史典籍。但是，多数史书体例庞大，晦涩艰深，吓退许多读者；也有一些历史通俗读物，虽然读起来轻松愉快，但亦史亦说的方式，却起不到正史的作用。"鉴于此，编者在参考大量历史文献的基础上，编辑了这套既是严谨的正史，又可以轻松阅读的"细说中国大历史"丛书。按照编者以上的指导思想所编写的《细说大唐大全集》，具有"白话""细说""正说"三个明显特点：

《细说大唐大全集》是一部"白话历史"的优秀作品。我以前读过的关于唐史的典籍主要有《资治通鉴》的《唐纪》和《二十四史》中的《旧唐书》《新唐书》。《唐纪》多达八十一卷，在《资治通鉴》中卷数最多、文字最长、内容最丰富。但读起来确实很费劲，我用了四个多月的时间才粗读了一遍。我读的新旧《唐书》是文白对照本，自然好读多了，但是选读本，只读了《唐书》的一部分。这部《细说大唐大全集》是"白话历史"，比较通俗，好读好懂。

　　《细说大唐大全集》编写中运用的是"细说"理念，既没有正史的艰深枯燥，又不似野史的信口开河，而是以通俗生动的文笔叙述严肃的历史故事。首先，它细就细在全面地剖析历史事件，详细地叙述了唐朝从兴起到灭亡的全过程，历史发展脉络清楚；其次，它细就细在客观地解读历史人物，既评价其为官从政的得失，又介绍他们独特才华及成就。尤其是对文坛名人、唐僧取经等记述较细；再次，它细就细在比较详细地介绍和分析了唐朝的政治和经济制度的发展变化及对政局的影响。《细说大唐大全集》从方方面面为读者了解唐代历史提供了比较丰富、全面的信息。

　　唐朝是当时世界上最强大的国家，以其恢弘的气度和开放的胸怀书写了中国历史上最为强盛的一页。那是一个全新的时代，它开创并发展了一种崭新的政治制度和社会文化；那是一个群英荟萃、人才济济的时代，各类人物在各自领域独领风骚；那是一个文化空前繁荣的时代，唐诗独领风骚，创造发明世界领先。它由极盛至衰亡的惨痛教训，令后人深思。《细说大唐大全集》不是野史，也非演义，而是按照时间顺序，"正说"大唐帝国历史，全景再现唐朝的兴盛和衰亡。"一本书读懂大唐"并非虚谈。

　　以上三个特点，主要体现在该书的写法上。而在对待历史事件和历史人物的评价上，基本上是"正统"的。比如，在"第三章 武周皇帝"中，对武则天没有一句赞美的话。武则天好歹也算一个"政治家"吧，本书只说她是"一个有着极大政治野心的女人""一个为获取最高权力而绞尽脑汁的政治人物。"她"培植党羽"、搞"政治闹剧"；她"冷酷无情""迫害臣民"。就连"广开仕途"，也被说成是"收买人心"。立场明显站在"李家"，用词全是贬义的。编者毫不掩饰自己的观点，在"武周皇帝"一章行将结束时说："这位中国历史上唯一一个掌国权并建立国号的女皇帝生命结束后，人们对她的评价没有定论，甚至迥然相异，就像那座无字碑之谜一样，成了一个永远吸引人们的历史研究课题。"编者是实事求是的，本书是值得一读的。

内容梗概

唐朝（618 年—907 年），是中国历史上最重要的朝代之一，在文化、政治、经济、外交等方面都有辉煌的成就。

《细说大唐大全集》讲述了唐从建立到灭亡的近 300 年历史，涵盖了版图疆域、行政区划、人口、官制、军事、农业、冶铁业、商业、文化、宗教、思想等各个领域的内容。全书共分为九章，记录了大唐帝国的兴亡沧桑和为中国留下深刻烙印的辉煌文化，全景再现了唐朝的勃兴与衰落。

第一章　李渊兴唐。主要有两方面内容：一是平定天下。李渊称帝后，先后平定了瓦岗寨、窦建德、王世充等农民起义军和陇右薛举、河西李轨、河东刘武周、江陵萧铣、山东刘黑闼、江淮杜伏威等地方反唐势力，完成了统一大业；二是政治改革。厘定官制、制定均田租庸调法等。

第二章　贞观之治。主要内容：玄武兵变、太宗登基；励精图治、国泰民安；太平盛世，文化发展；民族团结，边境稳定。"细说"了君臣论道、从谏如流、恤农安民等李世民以德施政的措施，记述了平定东突厥、吐谷浑、高昌，唐蕃和亲、玄奘西行、统一经学等重大历史事件和书法大家虞世南的生平事迹。

第三章　武周皇朝。记述了武后参政、女皇建周、黜周复唐过程中的历史事件和武则天时期政治经济文化发展情况。着力描述了武后之阴险残忍，"细说"了诤臣褚遂良、"初唐四杰"、画家阎立本、史家刘知几等历史人物。

第四章　开元盛世。韦武乱政，李隆基兵变，铲除诸韦，李旦复位；睿宗禅位，玄宗即位；玄宗铲除太平，稳定政局。玄宗前期，知人善任，抑欲而昌，发展经济。社会安定，经济繁荣，人民安居乐业，呈现"开元盛世"。

第五章 天宝危机。玄宗在后期的天宝年间，丧失警惕，重用奸佞，专宠贵妃，朝政紊乱，武备松懈，割据滋长。本章"细说"玄宗崇道、宠溺贵妃、重用李林甫、高力士、杨国忠，奸佞祸国殃民、朝廷危机四伏。

第六章 安史之乱。"细说"安史乱起、祸害、被平的过程。记述了"画圣"吴道子穷丹青之妙、诗仙李白笑傲权贵的故事。

第七章 盛极转衰。主要事件有藩镇割据、吐蕃负约、推行两税法。本章还"细说"了颜真卿书法登峰造极、诗圣杜甫忧国忧民、丞相元稹政文皆能。安史之乱后，藩镇割据形成，唐朝的日子一天不如一天了！

第八章 元和中兴。宪宗即位，励精图治，重用贤良，平叛削藩，有所作为，朝廷威望提升，社会相对稳定，被称为"元和中兴"。但宪宗贬黜"二王八司马"，挫败永贞改革、增强了宦官势力；迷信佛教，亲迎佛骨。这些都给"中兴"局面的巩固发展带来不良影响。

第九章 唐朝没落。本章写了宦官专权、朋党之争、黄巢起义三件重大历史事件，这些都是促使唐朝没落直至灭亡的重要原因。

粗说大唐

读《细说大唐大全集》，查相关资料，梳历史脉络，议唐朝兴亡，论成败因果，享读书之乐。试作"粗说大唐"如下：

1. 帝王更迭

唐朝建立于 618 年，亡于 907 年，共 290 年。历高祖、太宗、高宗、中宗、睿宗、玄宗、肃宗、代宗、德宗、顺宗、宪宗、穆宗、敬宗、文宗、武宗、宣宗、懿宗、僖宗、昭宗、哀帝共 20 人、22 任皇帝，在中宗、睿宗期间曾有武周政权。

唐高祖李渊。北周贵族，杨广姨兄。太原起兵，入主长安，杨侑禅

位，李渊建唐。唐太宗李世民，李渊次子。玄武之变，太子丧命。李渊
退位，太宗登基。

……

唐睿宗李旦，武则天幼子。唐中宗被废，李旦即位。六年后武则天
称帝，改号为周。唐睿宗被废为皇嗣后贬为亲王。705 年 82 岁的武则天
病重，在将相逼迫下，传位于中宗，复国号为唐。

……

唐哀帝李柷，907 年被迫禅位于朱温，后被朱温毒死。

2. 明君盛世

人们都说，唐朝是中国封建社会的鼎盛时期。实际上在唐朝近 300
年的历史中，从 618 年李渊建唐到 741 年"天宝危机"前 123 年，是唐
朝从兴起、发展到昌盛的时期。唐初十来年主要是平定反唐势力，完成
统一大业。李世民的"贞观之治"、李隆基的"开元盛世"才是唐朝真正
的兴旺时期。

时势造英雄，乱世出明君，明君创盛世。

隋末群雄并争的乱世，造就了唐朝开国英雄。李渊父子南征北战、
东杀西砍，建立了大唐，统一了天下。

626 年，玄武门之变，太宗登基。李世民知人善用，虚心纳谏，重
用诤臣，政局稳定；以农为本，厉行节约，休养生息，经济发展；完善
制度，健全法制，文教复兴，社会安定；平定外患，稳固边疆，民族团
结，天下太平。创造了唐朝的第一个治世"贞观之治"。

开元年间（713 年—741 年）唐玄宗政治清明，励精图治，任用贤
能，经济迅速发展，提倡文教，使得天下大治，唐朝进入全盛时期，并
成为当时世界上最强盛的国家。这就是李隆基铲除乱政的韦武集团、社
会由乱到治后创造的举世闻名的"开元盛世"。

至于武则天算不算"明君"、武周时期是不是"盛世"，众说纷纭。
有些人把她看成夺权篡政、以周代唐的"野心家"，根本不承认她的皇帝

地位，谈不上明君昏君。有些人则认为，武周时期是唐初两个治世之间的过渡阶段。武则天是杰出的"女政治家"，在她协助唐高宗李治执政和称帝改周后，巩固发展了"贞观之治"，为"开元盛世"奠定了坚实基础。

君明国盛，君昏国亡。在李隆基身上体现的非常突出。"开元盛世"冲昏了李隆基的头脑。到了天宝年间，"明皇不明，玄宗真玄"。李隆基重用奸佞，专宠贵妃，朝政紊乱，危机四起。唐朝由此极盛转衰，日趋没落。自唐玄宗天宝年间以后的150多年里，唐朝一直处于动荡之中。政权得以如此长时间的维持，有赖于唐朝前期君主的励精图治所打下的坚实基础，也有赖于后期有作为君主的亡羊补牢。如宪宗的"元和中兴"、武宗的"会昌中兴"和"宣宗之治"，在一定程度上延缓了大唐帝国走向衰败的大势，但是他们无法彻底扭转局面，终未能挽救唐朝的灭亡。

3. 衰亡之因

唐朝的衰落源于安史之乱的爆发，唐朝的灭亡是藩镇割据、宦官专权、朋党之争等因素综合作用的结果。但这些问题的形成都与唐朝后期帝王的素质和行为密不可分。

玄宗在开创盛世局面以后，便不思进取，产生了骄傲自满和怠政的情绪，骄侈心代替了求治心。玄宗从天宝年间起，在朝中开始重用李林甫、杨国忠一类的奸臣，在外则赋予胡人安禄山较大的权力。李、杨二人在朝中打击异己、陷害忠良、贿赂公行，使朝政日趋腐败；安禄山一面表示效忠朝廷，一面招兵买马，集结力量，企图自立。而玄宗却视而不见，仍沉浸在开元盛世的自豪与满足之中。在内有奸臣当道，外有叛匪磨刀的形势下，终于导致了"安史之乱"的爆发。

天宝十四年（755年）爆发的"安史之乱"，历时七年多。在动乱中，李隆基一度逃离长安、马嵬坡被迫赐死爱妃、灵武太子自行登基。堂堂大唐皇帝，竟如"丧家之犬"，流离失所，有家难归。这场动乱几乎摧毁了李唐政权，给社会、经济带来无法估量的损失。安史之乱成为唐代历史的转折点，乱前是唐朝的鼎盛时期，乱后的唐朝则进入了衰落阶段，并最终走向了灭亡。

　　安史之乱后，藩镇割据，对抗朝廷，严重削弱了中央集权的力量，唐朝政府几度削藩，成效不大；宦官专权，使皇帝大权旁落，严重破坏了国家正常的统治秩序；朋党之争，瓦解了统治集团的力量；政权日趋腐朽，百姓的生活也日趋悲惨，最终导致了大规模农民起义的爆发。在黄巢等农民起义军的沉重打击下，唐朝统治彻底崩溃，统治中国290年的大唐帝国寿终正寝了。

（2013 年 7 月）

六、读不懂的宋朝

——读《一本书读懂宋朝》

《一本书读懂宋朝》由中华书局出版。作者李之亮，河北黄骅人。曾任郑州大学古籍整理研究所所长，现为盐城师范学院教授。

书名质疑

读罢《细说大唐大全集》，觉得"细说"难细，一般人读后只能达到"粗知"。读懂一个朝代的历史谈何容易，"一本书"读懂宋朝恐怕更难，试试吧。

翻开黄骅老乡写的《一本书读懂宋朝》，我用了数月的时间，拜读了好几遍，并没有把宋朝"读懂"。发现此书名不副实。无论是编写体例，还是内容范围，都难以反映宋朝的全貌，靠这一本书"读懂"宋朝简直是"天方夜谭"。

《一本书读懂宋朝》编写方法既非编年体，也不是纪传体。全书共分为"宋朝历史大势"和"宋朝历史专题"上下两编。从篇章题目就可以看出，本书写的是历史"大势""专题"。通过它只能了解宋朝的"大势"和重点问题，是不可能全面"读懂"宋朝的。

编者介绍说，上编，"按时间顺序，全景展示宋王朝的历史发展进程。"下编，"从不同方面，全面透视高度发达与繁荣的宋朝文明"。果真是这样吗？

上编"宋朝历史大势"把宋朝划分为六个时期。每个时期都有一个

"篇章概述"，但文字高度概括、非常简短；每一篇章只记述了一两件重大历史事件或历史人物。这怎能全面了解"宋朝历史大势""全景展示宋王朝的历史发展进程"呢？历代帝王更迭过程、历史事件前后联系、明君名臣名家传记等是全面了解一个朝代的必备资料，该书写得过于简单甚至没有涉及，靠什么弄懂这个朝代呢？

下编围绕宋朝的"外战与邦交""官制与兵制""经济与科技""文化艺术与宗教民俗"等四个重大问题进行了比较详细的介绍和多方位的探讨，倒是像个"历史专题"研究的样子。但难以弥补上编之不足。

我认为，作为研究宋朝的学术论文，此书还是不错的。但要实现一本书"读懂"宋朝的目的，欠缺太多了。不如直接就改称"宋朝研究"，那就基本上名副其实了。

难题浅析

宋朝难懂，主要不是因为时代久远、史料不足，而是影响读懂宋朝的难题太多：有莫名其妙的疑案，如"烛影斧声"之谜；有评价迥异的事件，如熙宁变法；有功过颠倒的人物，如潘美……。

《一本书读懂宋朝》的作者在"前言"中提出一些长期争论不休的有关宋朝的是非难题，其中包括如何评价赵匡胤；如何评价宋朝；如何评价潘美、宋江，等等。在本书中作者作出了自己的回答。

第一、赵匡胤是'阴谋诡诈"的政客还是"千古一人"的明君？

有人说赵匡胤陈桥兵变"不正大光明"、杯酒释兵权是要了阴谋、他和他的子孙"把宋朝管理的一塌糊涂"……。

作者反驳道：陈桥兵变、杯酒释兵权，都是顺应了时代的大势，把一个几乎无法收拾的中国引向了和平，引向了统一。如果他不站出来，还让那个不满七岁的柴宗训继续当后周的皇帝，前景会是什么样子呢？从这个意义上说，赵匡胤是个有历史责任感的伟人，他结束了长年的战乱，理性地提出"不准妄杀一人"的人本理念。这次改朝换代，从策划到登基，只杀了坚决抵抗的韩通一家，称得上有史以来最温和的军事政变。释兵权、平藩镇；文官管军队、知州郡等措施，不仅解决了唐朝以来军阀割据的痼疾，而且有效地解决了自汉代以来中央皇朝既离不开军队又害怕军队闹事的尴尬和无奈，从最深层次解决了皇权统治的问题。从这个意义上说，赵匡胤无愧千古一人的盛誉。

第二、宋朝是"积贫积弱"还是"高度繁荣"？

长久以来，不少人认为宋朝是"积贫积弱"的皇朝而鄙视之。现在有的人则认为宋朝是中国古代历史上经济与文化教育最繁荣的时代，是中国历史上的黄金时期。我觉得这是两种极端的评价。作者的基本观点是宋朝经济上不是"积贫"，而军事上是"积弱"。我认为作者的评价是比较客观的。

作者写道："如果说宋朝刚建立时十分贫困，也是事实。历史上没有哪个皇朝不是从贫穷的废墟上发展起来的，宋朝当然不能例外"。他接着用事例说明宋朝不是真的"积贫"。一是赵匡胤平定偏国"收获"颇丰。后蜀投降后，大量财宝拉到汴京，足足运了两个多月；平定南汉，"收获了大片领土和难以计数的财产"；俘虏经济实力最强的南唐李煜后得到的金银财宝更是难以想象。赵匡胤的"小金库"——封桩库里到底储备了多少银子谁也不知道。赵光义即位后，吴越和福建国主同时归降，为宋朝的经济又增添了新的活力。正因为有了足够的底气，赵光义才打北汉、攻契丹。足以说明这个时期的宋朝具备了前所未有的经济实力。二是真宗签订"檀渊之盟"、封禅泰山、修玉清宫等花费巨大，从反面说明当时宋朝是有钱的。三是王安石变法从经济层面说是成功的，宋朝再次进入富裕期。印刷、陶瓷、造纸、造船等工业、手工业飞速发展，外贸、商业空前繁荣。《清明上河图》就是例证。四是宋朝的高薪养廉政策、达到封建时代顶峰的高度发展的文化，都是以雄厚的经济实力为基础的。

据研究，北宋时中国GDP总量为265.5亿美元，占世界经济总量的

60%，这是中国 GDP 占世界比重最高峰。北宋时中国人均 GDP 为 2280 美元，当时西欧人均 GDP 仅为 427 美元。不管这些数字的来源和准确性如何，但宋朝经济发展的成就、国家的富裕程度是毋容置疑的，宋朝不是"积贫"，而是"极富"。著名史学家陈寅恪言："华夏民族之文化，历数千载之演进，造极于赵宋之世。"而西方与日本史学界中认为宋朝是中国历史上的文艺复兴与经济革命的人不在少数。

宋朝经济、文化、教育、科技快速发展的原因，一是政治清明、朝政稳定。君臣多数较为开明廉洁，没有暴君酷吏，没有宦官和外戚专权、后妃干政，很少内讧、党争，也没有地方势力的割据。兵变、民乱次数与规模在中国历史上也相对较少、较小，宋朝是中国历史上仅有的两个没有爆发过全国性的农民起义的大型王朝之一。较大规模的李顺王小波起义、宋江起义等都不曾超过一省的范围。（另一个朝代是西晋，原因是它的寿命实在太短了，倘由灭吴始计，仅三十七年，根本来不及爆发起义）战乱少，自然有利于百姓安于生产。全国长期比较稳定的政局，使经济发展保持了一贯性。二是宋朝虽然失去了陆路丝绸之路，却大大开拓和发展了海上丝绸之路，保持了外贸的高度繁荣，为朝廷提供了大量资金。三是庆历新政和熙宁变法的积极影响，推动了经济的发展。宋仁宗庆历年间范仲淹与富弼提出"均公田、厚农桑、修武备、减徭役"等改革措施和宋神宗熙宁年间的王安石变法，尽管以失败告终，但"国库的银子"确实多了许多。四是宋朝"不以言论杀人"，政治氛围相对宽松。那些因为"忤旨"或者被打击排斥的人们，最多也就是流放，没有人因此被处死。言论学术自由，促进了文化的发展繁荣。

但是，赵匡胤和他的子孙们偏重"安内守外"，重文轻武，导致了宋朝"内重外轻"、军事"积弱"的局面。由于军事力量不足，和外族战争多以败仗收场，致使两宋分别灭亡于入侵的金兵、元军之手。

第三、宋朝是"奸臣横行"还是"忠奸并进"？

有些人不是通过阅读典籍史书了解历史，主要是靠文艺形式获得历史知识。人们从《水浒传》《岳飞传》等文学作品和戏曲曲艺《杨家将》《狸猫换太子》等剧目中看到蔡京、童贯、王伦、秦桧等一个个奸贼横行霸道、为所欲为，忠臣遭陷受害，百姓民不聊生，觉得宋朝是个奸臣当道、黑暗腐败的王朝。

本书作者认为，宋朝言路较广，加之有的帝王缺乏主见，如宋真宗耳朵根子很软，在朝为官者，"可谓忠臣铮铮，敢怒敢言；奸臣屡进，机关算尽。"总的说，忠臣在朝里还是占主导地位。尤其是"北宋初年到神宗时期王安石变法，不能说朝廷里没有小人，但把舵的基本上称得上正人君子。这种由太祖、太宗、真宗、仁宗四代君主涵育长养出来的良好士风，是到哲宗、徽宗时才逐渐变淡的。"

作者专门记述了"铁腕宰相"吕夷简，介绍了文彦博、富弼、韩琦、范仲淹等名相的简要事迹，这些人都是不同时期的忠臣。《杨家将演义》中的潘仁美，原名潘美，字仲询，大名人，宋朝开国元勋之一。在陈桥兵变和讨伐二李、平定北汉、收复南唐等战役中，居功至伟。可惜被明人泼了脏水。书中为他平了反。而包拯实际上没有当过宰相，担任过御史中丞、三司使，最高职位是枢密副使，在开封府也只干了一年多。戏文里的"包青天"不过是借他的大名寄托爱憎而已。

书中揭露了蔡京、童贯、梁师成等"六贼"和吕惠卿、曾布、李定等"熙宁群丑"的奸佞面目。到了"徽宗一朝，误国佞臣多如牛毛"，北宋面临灭亡了。

大事摘编

本书把宋朝划分为六个时期，每个时期记述一两件大事。太祖、太宗时期是宋朝初建和巩固的时期。本章记述了"杯酒释兵权"和"削藩镇平偏国"两件事；真宗、仁宗时期是巩固国防、推行仁政、完善制度、谋求发展的时期，讲述了檀渊之盟、真宗封禅及吕夷简为相期间的大事；

英宗、神宗、哲宗、徽宗时期是变法谋求富国强兵、党争日趋严重、各种矛盾加剧，导致靖康之祸的时期，记述了王安石变法、哲宗绍述和徽宗腐败。高宗、孝宗时期是南宋与金对峙时期，记述了靖康之耻、岳飞抗金兵和采石矶之战；光宗、宁宗、理宗时期是南宋君弱臣强、勉强维持时期，记述了韩侂胄（tuo zhou）北伐和史弥远专政；度宗至二王时期是南宋风雨飘摇、最终灭亡的时期，记述了贾似道专政和南宋覆亡。根据本书的记述和有关资料记载，选编其中几件大事，以备查阅。

宋朝印象

宋朝的是非实在太多，后人的争议更是多得很。单靠此书是难以"读懂"宋朝的。在阅读该书的同时，我查阅了有关书籍和网络资料，对宋朝的概况有了个大致的轮廓和进一步的了解。

1. 皇权比较巩固，朝政相对稳定

宋朝建立后，赵匡胤通过采取"杯酒释兵权"、削藩平偏国、设立枢密院、增设副宰相、三司管财政、文官知州郡等一系列措施，解除了禁军将领兵权、解决了藩镇割据问题、加强了中央集权，巩固了皇权统治。总体上说，朝政比较稳定。具体表现有三：

（1）宋朝是秦汉以来历时较长的一个朝代。宋朝上承五代十国、下启元朝，分北宋和南宋。960 年，后周大将赵匡胤黄袍加身，建立宋朝。1127 年，金兵攻陷汴京，掳走徽钦二帝，史称靖康之耻，北宋灭亡。宋高宗赵构南迁杭州，建立了南宋。1279 年宋元厓山海战，8 岁的小皇帝赵昺被大臣陆秀夫背着跳海而死，宋朝彻底灭亡。从 960 年建立到 1279 年灭亡，南北两宋共历时 319 年。据查，秦朝 15 年，两汉（含新）422 年，隋朝 38 年，唐朝（含武周）289 年。宋朝存在时间仅次于汉朝。

（2）宋朝帝王多数在位时间较长。在宋朝 319 年的历史中，历太祖、太宗、真宗、仁宗、英宗、神宗、哲宗、徽宗、钦宗；高宗、孝宗、光宗、宁宗、理宗、度宗、恭帝、端宗、幼主 18 帝，平均在位 18.8 年。唐朝（含武周）289 年，历经 23 任帝王，平均在位 12.5 年。宋仁宗赵祯在位时间最长，42 年，其次是宋理宗赵昀，40 年。此前只有梁武帝和唐玄宗在位超过 40 年。从秦到宋的开国皇帝中，秦始皇嬴政在位 11 年，汉高祖刘邦 8 年，隋文帝杨坚 23 年，唐高祖李渊 8 年。赵匡胤在位 16 年，仅次于此前的杨坚。

（3）宋朝皇帝接替多属正常继位。因为帝王在位时间较长，继位者年龄较大，很少出现太后临朝、外戚干政、宦官乱政和父子兄弟残杀、皇室宗族夺权的内讧问题。北宋的真宗、仁宗、英宗（仁宗养子）、神宗、哲宗，都是父死子承。哲宗无子，死后其弟徽宗继任。徽宗在金兵入侵的危难之际传位于儿子钦宗，二人皆被金兵掳走，死于北国。只有开国皇帝赵匡胤暴死，其弟赵光义继任，留下了"烛影斧声"之谜。南宋帝王更迭较为复杂。前三位皇帝高宗、孝宗、光宗都是让位给儿子。高宗、孝宗当了太上皇，而光宗因沉湎酒色、不思朝政且大不孝被太皇太后和大臣逼迫禅位与其子宁宗。宁宗本有八子，但都夭折，立侄子赵竑为太子。后宰相史弥远废赵竑，改立赵昀为太子。宁宗在位三十年病死，赵昀接替即位，是为理宗。理宗无子，其侄继位为度宗。度宗也是不务正业，酒色过度而死。在南宋最后的五、六年间（1274 年—1279 年），度宗的次子、长子和幼子先后被扶上台，可怜三个八到十一岁的孩子先后死在战乱中，宋朝灭亡了。

2. 经济快速发展，实力有所增强

有人说，宋朝是中国古代历史上经济、文化教育与科学创新最繁荣的时代，宋朝时中国 GDP 占世界比重 60%，为各朝代第一，是中国历史上的黄金时期。这一观点我不敢苟同。但从国家分裂、经济贫穷的废墟上建立起来的宋朝，经济发展是比较快的。农业、印刷业、造纸业、丝织业、制瓷业均有重大发展。航海业、造船业成绩突出，海外贸易发达，和南太平洋、中东、非洲、欧洲等地区 50 多个国家通商。南宋时期对南方的开发，促成江南地区的繁荣发展，成为南方的经济文化中心。

3. 文化全面繁荣，科技长足进步

总的来说，宋朝政局比较稳定，政治比较清明，有一个"不以言论杀人"的宽松环境，文化、教育、科技、宗教等全面繁荣。文化方面，完成了儒学复兴，社会上弥漫尊师重道之风，传统经学进入了"宋学"的新阶段，产生了新儒学即理学。促进了儒、道、佛三家相互交汇的深入发展。文学十分发达，诗、词、散文都有伟大成就，在唐宋散文八大家中，宋人占了六家。词达到全盛。话本在中国文学史上开辟了新的纪元。史学体裁多样，史家辈出，达到了中国古代史学发展的顶峰。书法、雕塑、石刻、绘画等艺术，都达到了新的水平。书院制度、宗教民俗亦有了新的发展。科技发展亦突飞猛进，我国古代四大发明，其中的三项——活字印刷、火药、指南针，就是在两宋时期完成或开始应用的。医药学、针灸学、法医学等都有了很大发展。制造业、建筑业中的技术、工艺诸如陶瓷烧制技术都有很大提高。

4. 重文轻武积弱，守内虚外偏安

赵匡胤重文轻武、"守内虚外"的方针，对宋朝政局的稳定和经济、文化及对外关系的发展，起到了一定积极作用，但对宋代的"积弱"也有着较大影响。不管宋朝是否"积贫"，后期的"积弱"导致灭亡是不可否认的。

北宋建立后，经济迅速恢复，平定荆南、湖南、西蜀收入不菲。赵匡胤想用"封桩库"银"买回"燕云十六州，而不是靠武力收复失地；宋真宗在胜利的情况下签订了"檀渊之盟"，以每年给契丹十万两银子、二十万匹绢的代价讲和；最终北宋败于金。

南宋秉承祖宗的既定方针，偏安淮水以南，居然存在了 150 多年，而且成为中国历史上经济最发达、古代科技发展、对外贸易、对外开放程度较高的一个王朝。然而，经济的发展、文化的繁荣，改变不了轻武"积弱"、国将不国的趋势，一味屈膝求和，最后还是被元军战败亡国。

　　两宋先后被金、元所灭的原因至少有三条：重文轻武的指导方针导致武装"积弱"，军队缺乏实力；军队管理体制的弊病造成配合不力。指挥者没有调兵权，避免了将领兵变，相互制约却极易变成相互掣肘，贻误战机；皇帝昏庸、奸臣当道，主战者被害，投降派得逞，南宋是也。

　　从月初开始，陆陆续续翻了几遍，今天阅读完毕。难懂啊，宋朝！且看我对宋朝的简单解读：

> 陈桥兵变，
> 杯酒释兵权。
> 削藩平乱收蜀汉，
> 文治国富民安。
> 是非忠奸难辨，
> 积弱不敌金元。
> 功过谁与评说，
> 唯有宋词相传。

（2013 年 8 月 26 日）

七、轻松读明朝

——读《明朝那些事儿》

《明朝那些事儿》，当年明月著，中国友谊出版社出版。

作者其人——话说当年明月

当年明月，原名石悦。1979 年出生在宜昌一个普通干部家庭，原是顺德海关公务员。以《明朝那些事儿》成名于互联网，受到读者的热捧。当年明月堪称草根讲史的集大成者，大家的认可印证了当年明月的那句话："历史应该可以写得好看。"网络红人原被领导认为"很一般"，成名后获重用借调北京，后为中国海关总署缉私警察。2009 年 4 月 7 日，作为全集结束本的《明朝那些事儿》第七册，已经完稿出版。2011 年 11 月 21 日，"2011 第六届中国作家富豪榜"重磅发布，当年明月以 575 万元的年度版税收入，荣登作家富豪榜第 8 位，引发广泛关注。（据《百度百科》）

内容提要——概说那些事儿

全书共七部，主要讲述的是从 1344 年到 1644 年这三百年期间关于明朝的一些事情，以史料为基础，以年代和具体人物为主线，并加入了小说的写法和对人物的心理分析，以及对当时政治经济制度的一些评价。

第壹部 洪武大帝。从朱元璋的出身开始写起，到永乐大帝夺位的靖难之役结束为止。叙述了朱元璋贫困辛酸的童年，放牛、讨饭、当和尚；明朝艰苦卓绝的开国过程，平定陈友谅，铲除张士诚，乘胜逐北破北元；建国改制及明初四大案；明朝最大的谜团——永乐夺位、建文失踪的靖难之役。

第贰部 万国来朝。自永乐夺位的"靖难之役"后开始，先叙述了中国历史上赫赫有名的永乐大帝事迹——挥军北上五征蒙古，郑和七下西洋，南下讨平安南等，后来永乐于北伐蒙古归来途中病逝。明朝在经历了比较清明的"仁宣之治"后，开始进入动荡时期。大宦官王振把持朝政胡作非为，导致二十万精兵丧于一旦，幸亏著名忠臣于谦在"土木堡之变"中力挽狂澜，挽救了明帝国，但随即又在英宗、代宗两位皇帝争夺皇位的"夺门之变"后被害身亡。

第叁部 妖孽宫廷。从明英宗朱祁镇成功复辟的"夺门之变"后写起，叙述了忠奸不分的朱祁镇听信谗言，杀害曾救其于危难之际的大功臣于谦，而这也成为他继"土木堡之变"后在历史上留下的又一大污点。而在他病逝后，相继继位的两位皇帝宪宗和孝宗，一个懦弱不堪无所作为，一个心有余而力不足，撂下的这副重担落在了明代三百年中最能闹的一个皇帝——朱厚照（明武宗）身上，他宠八虎，建豹房，自封威武大将军，朝廷中充斥幕幕荒唐的闹剧，局势更是动荡不安，这时便引出了一位亘古罕有的文武奇才——王守仁，他清剿盗寇，平定叛王，勇斗奸宦，给后人留下了许多近乎神话的不朽传奇。

第肆部 粉饰太平。从嘉靖即位、"议礼之争"开始。嘉靖皇帝（明世宗）借"议礼之争"清除了一批前朝旧臣，总揽大权。此后他的生活日渐腐化，一心想得道成仙，国家大事抛诸脑后，奸相严嵩因此得以长期把持大权。同时大明财政空虚，兵备废弛，东南沿海的倭寇和北方的蒙古成为明朝的心腹大患。因此本书主要讲述了朝廷的权力之争和边疆的抗倭斗争。

第伍部 帝国飘摇。包括两大部分。第一部分是内争。写严嵩倒台后徐阶、高拱、张居正三个杰出的政治家各施手段，你方唱罢我登场。三人都是实干家，为中兴王朝呕心沥血；同样又都是阴谋家，铲除异己心狠手辣。而这两点又均以张居正为最：一条鞭法和考成法的改革措施遗惠万民、泽及百代；顺我者昌，逆我者死，虽杀门生亦不眨眼。第二部分是外战，亦即援朝抗日战争。

第陆部　日暮西山。主要讲述了晚明由"三大案"（梃击案、红丸案、移宫案）引发的党争，魏忠贤兴起及袁崇焕之奋战。自张居正去世后，便无人敢管万历，为争国本、查妖书、打闷棍，他与大臣展开拉锯战，三十年不上朝。东林党却因此发展壮大，为把持朝政，与齐、楚、浙三党明争暗斗，借国本（太子）之争，扶持明光、熹宗二帝即位，成功掌握政权。魏忠贤以阉寺出身，利用熹宗昏庸，又傍上皇帝乳母客氏，与东林党展开对决。在外，援朝抗日战争后，明防御线转至辽东。没落贵族之后李成梁打蒙古、击女真，成为一代枭雄，却养虎为患，努尔哈赤借机兴起，统一后金。为抗金、守城、夺失地，在帝师孙承宗的带领下，袁崇焕从一介文人成长为边疆大将，坚守孤城，最终击败努尔哈赤。

第柒部　大结局　讲述的是明朝最后一位皇帝崇祯。他究竟是一个昏庸无能的皇帝，还是一个力图奋起的人，本书对这一段历史进行了分析梳理，引人思索。

资料摘抄——正说明朝大势

作者称该书描写的是正史，而用的却多是流行文学的描写手法和表现形式，令人诧异。作者承认它既不是小说，也不是史书。而"是一部可以在轻松中了解历史的书，一部好看的历史"。我看它有点像"新编历史剧"，或是"长篇评书"。说它是"戏说明朝"有点屈，但绝称不上"正说"历史，而是一部时髦的以史实为基础的"网络"作品。因而，也受到了那些年轻网友们的青睐和吹捧。但读后对明朝历史难以有一个比较全面、系统的了解。因为，历史是严肃的，怎能像看喜剧一样"轻松"看历史进而读懂明朝呢？为了弥补这一不足，根据有关资料，将明朝简况整理如下：

南宋灭亡五十年后，元朝统治者日益残暴黑暗，终于爆发了元末农民起义。1352年，朱元璋参加了当时的濠州大帅郭子兴领导的红巾军分支，经过多年的南征北战，1364年，朱元璋自称吴王独霸一方，史称西吴政权。1368年，朱元璋称帝，以应天府（南京）为京师，国号大明，年号洪武，建立了明朝，朱元璋即为明太祖。不久他又命徐达、常遇春等北伐，攻占大都（北京），蒙古统治者首领北逃，结束了在中原89年的统治，中国再次回归到由汉族建立的王朝——明朝的统治之下。

明朝（1368年—1644年），历经十二世、十六位皇帝，国祚276年。明初定都于应天府。燕王朱棣发动靖难之变夺位后，永乐元年（1403年）诏改迁都燕京顺天府，十九年（1421年）正式迁都顺天府，而应天府改称为南京。

明前期，经过明太祖朱元璋的"洪武之治"，国力发展迅速，到明成祖时期，国力强盛，万邦来朝，史称"永乐盛世"。明朝的领土囊括今日内地十八省之范围，初年东北抵日本海、鄂霍次克海、乌地河流域，后改为辽河流域；初年北达戈壁沙漠一带，后改为今长城；西北至新疆哈密，后改为嘉峪关；并曾在今东北、新疆东部、西藏等地设有羁縻机构。明成祖时期甚至短暂征服并统治安南（今越南北部）。其后的明仁宗和明宣宗时期仍处于兴盛时期，史称"仁宣之治"。明英宗在位初期，政局较稳定。

明朝中后期，由于政治腐败导致国力下降。1449年，发生了蒙军入侵、英宗被俘的土木之变，这是明朝由盛转衰的转折点。但经于谦等人抗敌，组织京师保卫战。最终解除国家危机。其后明宪宗与明孝宗相继与民休息，政局尚可平稳。明武宗即位后荒淫并沉溺游乐，最终因死后无子使明孝宗一脉绝嗣，引发大礼议之争。明世宗即位后，清除宦官和权臣势力，总揽朝纲。明世宗中后期，任用胡宗宪、俞大猷等将领，平定东南沿海倭患。明世宗驾崩后十数年，经历隆庆新政和万历中兴，国力得到恢复。明神宗中期，完成万历三大征，平定内乱，粉碎丰臣秀吉攻占朝鲜的梦想。然而因国本之争，皇帝逐渐疏于朝政，同时东林党争也带来明朝末期政治的混乱，史称万历怠政。明熹宗时，魏忠贤阉党虽祸乱朝纲，到明思宗即位后才废除宦官专政。然而明思宗政策失误和天灾不断，明朝最终亡于农民军建立的大顺。1644 年，明思宗自缢于北京煤山，明朝作为统一国家结束，随后，后金军队击败大顺军并入主中原。之后明朝宗室在南方重建明廷，史称南明，1662 年永历帝被杀，明亡，1683 年清军占领台湾，郑氏政权结束。

明朝是继汉唐盛世后又一个兴盛的中原王朝。明朝手工业发达、商品经济发展迅速。无论是炼铁、造船、建筑，还是丝绸、纺织、瓷器、印刷等方面，在世界都是遥遥领先，产量占全世界的 2/3 以上。中后期，农产品呈现粮食生产的专业化、商业化趋势。出现商业集镇和资本主义萌芽。不少地主缙绅也逐步将资金投向工商业，以徽商、晋商、闽商、粤商等为名号的商帮亦逐渐形成，并在一定地区和行业中有着举足轻重的地位。在对外关系上，为宣扬国威，加强与海外诸国的联系，明成祖派郑和七次出使西洋。戚继光抗倭贼；万历年间援朝抗日寇等都维护了大明的尊严。文化艺术有了长足发展。哲学思想上，王阳明继承陆九渊的"心学"并发扬光大，形成"阳明学"；文学方面，中国小说史上的四大名著中的三部——《西游记》《水浒传》《三国演义》与小说《金瓶梅》和冯梦龙编辑的"三言"、凌蒙初编著的"二拍"等描写青年爱情故事以及平民市井生活的短篇小说集都出于明朝。明前期，元代以来绚丽的杂剧奇葩一度中衰。明中叶后，随着城镇经济的繁荣，群众所喜闻乐见的戏曲又出现了新的发展，产生了许多具有进步意义的作品。明代剧作中最负盛名的是《牡丹亭》。编撰于明成祖年间的《永乐大典》作为世界上著名的百科全书，显示了古代汉族文化的光辉成就，是一部集大成的旷世大典。书法、诗文、绘画等也都达到了很高的水平。

至于明朝灭亡的原因，当年明月在《明朝那些事儿》中分析不多。网上有人归结为"昏君屡出、宦官专权、党争严重"，我看不无道理。

品味余音——众说功过是非

清朝官修史书《明史》认为洪武、永乐在位时期"治隆唐宋""远迈汉唐"。然而由于明朝皇权过度集中，皇帝昏庸、不理政事；奸臣当道、胡作非为；宦官专权、搅乱朝政的问题时有发生。后世对明朝、对朱元璋、朱棣等帝王和重大事件的评价也是众说纷纭。

1. 朱元璋是开国明君还是"杀人狂"？

放牛、讨饭、当和尚出身的朱元璋，25 岁时参加红巾军，征战 16 年，建立大明。继而消灭北元，平定川滇，建立了全国统一的封建政权。之后与民休息、恢复生产，改革吏治、惩治贪官，经济社会得到较快发展，出现了明朝第一个盛世——洪武之治。民间流传说，"朱洪武坐南京，风调雨顺，国泰民安"。朱元璋是一位万民称颂的开国明君。这是主流看法。另一种论点：朱元璋的人生哲学是"要么不做，要么做绝"（本书语），是杀人不眨眼的"屠夫"。论据是明初四大案。胡惟庸案：1380 年明太祖以擅权枉法之罪名杀胡惟庸，又杀御史大夫陈宁、御史中丞涂节等人。后有人告发李善长与胡惟庸关系密切，李善长因此被赐死，家属七十余人被杀，总计株连者达三万余人；空印案：1382 年发生了因空白盖印公务文书而引发的诛杀数百名官员的大冤案；郭桓案：1385 年户部侍郎郭桓被告勾结他人，贪污精粮两千四百万担（相当明朝一年的收入，作者也认为疑点很大）。朱元璋令审刑司拷讯，此案牵连全国的十二个布政司，牵涉礼部尚书赵瑁、刑部尚书王惠迪、兵部侍郎王志、工部侍郎麦至德等，这些正副"部长"连同下属办事人员共三万多人全部被杀。六部官员几乎杀完，一个部最多的剩下三个人；蓝玉案：明太祖借大将军蓝玉张狂跋扈之名对其诛杀，连坐被族诛的有一万五千余人。至此，除汤和、郭英与耿炳文外功臣几乎全数被杀。

六百多年过去了，笼罩在朱元璋身上的争论从来没有停止过。到底该怎样评价朱元璋？作者说得对："他有不朽的功勋，也有过严重的过失。"我认为：（1）朱元璋是中国历史上政绩卓著的封建皇帝，杰出的政治家和军事家。这一点不用多说，他能够在乱世群雄中脱颖而出就是证明。他所建立的大明，无汉唐之和亲，无两宋之岁币，天子御国门，君主死社稷，为后世所敬仰。（2）朱元璋是中国历史上唯一的布衣帝王，"阶级"本性决定了他既廉洁勤政，又嫉恶如仇，与贪官污吏不共戴天。有人说刘邦也是平民皇帝，现在很多人认为刘邦家境并不贫困且当过亭长，算不上"布衣"出身。而朱元璋几代赤贫，"他没有背景、没有后台、没有依靠，他的一切都是自己争取来的。他历经千辛万苦，无数次躲过死神的追逐，从死人堆里爬起了，掩埋战友的尸体，然后继续前进、继续战斗。""凭着自己的勇气和决心建立了庞大的帝国"。朱元璋非常珍惜胜利成果，勤勤恳恳，日以继夜地为大明的巩固与发展操劳，从登基到去世，他几乎没有休息过一天。据史书记载，朱元璋平均每天要批阅奏札二百多件，处理国事四百多件。是中国历史上最勤政的皇帝之一。朱元璋的节俭，在历代皇帝中也堪称登峰造极。当了皇帝后，他每天早饭，"只用蔬菜，外加一道豆腐"。他所用的床、车子、轿子，用金子的地方，都用铜代替。被单是用小片丝绸拼接缝成的百纳单。同时，因为他从小饱受元朝贪官污吏的敲诈勒索，他的父母及长兄就是死于残酷剥削和瘟疫，自己被逼迫从小出家当和尚。所以，在他参加起义队伍后就发誓：一旦自己当上皇帝，尽杀尽天下贪官。对那些贪图享乐、腐化堕落、祸乱朝政、危害百姓的贪官污吏必然是恨之入骨、绝不容忍，大开杀戒是可以理解的。甚至可以说是他"阶级觉悟高"、没有忘本的表现。（3）朱元璋在惩治贪污腐败口犯了"扩大化"的错误。朱元璋平定天下后，大封功臣。但他们中有的越过礼法，为非作歹；有的居功枉法，图谋不轨。

作为开国之君的朱元璋，借助自己的崇高威望，以极其残酷的法律严惩贪官污吏，收到了强烈震慑作用。他没有残害平民百姓，也没有打击报复，好多被杀的人罪有应得。投鼠忌器，贪污腐败难治；矫枉过正，冤假错案难免。但"扩大化"总不是好事，还是尽量避免为上。错杀误杀不对，该杀不杀也不对。朱元璋那么大的决心和力度，贪污都没能制止住，现在的反贪斗争应当从中吸取什么经验教训呢？

2. 朱棣即位是夺权篡政还是"合法继位"？

永乐皇帝朱棣是中国历史上一位毁誉参半、最传奇、最痛苦的帝王。他即位后稳定天下，发展生产，迁都北京，修成大典，沟通南洋，平定安南，征服蒙古，政绩卓著，创造了世代称颂的"永乐盛世"。但对朱棣当皇帝的"合法性"后人一直争论不休。而且，他本人也为此长期烦恼。该书第二部第一章就是《帝王的烦恼》。

朱棣的"烦恼"主要有三：自己非嫡子，登基名不正言不顺；在篡权夺位的靖难之役中，建文帝神秘失踪，存有卷土重来的危险；藩王尚未削完，唯恐他们不服而联合"平叛"。为此，朱棣有针对性地采取了一系列对策。

首先是篡改"档案"，重修《太祖实录》，把自己说成是马皇后所生，是名副其实的嫡子，"清君侧""当老板"天经地义。实际上，朱元璋有无数老婆，生了 26 个儿子，十多个公主，还收养了一批野小子。朱元璋也不知道哪个是谁生的。朱棣的生母是谁，当然也是个谜，数百年来一直扑朔迷离，比较可能的一种情况是硕（gōng）妃所生。

朱棣知道篡改档案，欺世盗名，骗不了自己，也骗不了别人，必须找到朱允炆。于是，在对外公布建文帝"自焚身亡"的同时，兵分两路，秘密寻找建文。死要见尸，活要见人！一路派胡濙（ying）在国内寻找。一路派郑和以宣扬国威为名，到海外寻找。原来郑和下西洋是"歪打正着"，龌龊的目的，却收到了千古扬名的结果。而胡濙苦苦搜寻了十六年，在朱棣临死前一年，回来复命了。本书第十章《最后的秘密》中说胡濙和朱棣谈了很长时间，但他们的谈话内容不得而知。作者通过对多种可能的分析，得出结论，胡濙找到了活着的建文帝，这个昔日皇帝给篡权的叔叔捎话："你安心做你的皇帝吧，我还要继续活下去"。为此苦思冥想、烦恼了二十二年的永乐大帝最后终于解脱了！

至于弟兄们的事，那好办。朱允炆削藩没削完，惹出了朱棣造反夺权，但藩王们的实力大大削弱了。朱棣没费多大劲，就完成了侄子的"未竟事业"。

庶子变成嫡子了，藩王削平了，建文找到了，大功告成了，朱棣也死在了第五次北伐蒙古的归途中。该盖棺定论了吧？可是，无论是天大的功劳，还是美丽的谎言，都掩盖不了朱棣"反叛"的烙印，传统的观念、千古的谜团，使人们的观点难以达成一致。我比较赞成本书作者给出的结论："他不是一个好人，却是一个不折不扣的好皇帝。"

3. 夺门之变是朱祁镇"复辟"还是"还乡团"篡权？

明成祖驾崩后，其长子朱高炽（仁宗）、长孙朱瞻基（宣宗）先后即位，他们实行德政治国，创造了"仁宣之治"。宣宗去世后，九岁的英宗朱祁镇继位，宦官王振趁机干政。朱祁镇15岁时，能够限制宦官王振权势的张太皇太后、元老重臣"三杨"相继去世。蒙军入侵，王振唆使明英宗领兵五十万御驾亲征，大败。回师至土木堡（今怀来县），被瓦剌军追上，士兵死伤过半，随从大臣有五十余人阵亡。明英宗被俘，史称"土木堡之变"。兵部侍郎于谦拥戴明英宗弟代宗朱祁钰即位，并取得北京保卫战的胜利。

瓦剌首领也先于1450年释放明英宗。然而明代宗因为皇权问题，不愿意接收明英宗，先是不愿遣使迎驾，后把回来的英宗困于南宫（今南池子）软禁，并废皇太子朱见深（英宗之子），立自己的儿子朱见济为太子。不久见济病死，没有儿子的明代宗也迟迟不肯再立朱见深为太子。1457年当年因主张京都南迁而被贬的徐有贞东山再起，与曹吉祥等人联盟，趁着明代宗重病之际发动兵变，拥英宗复位，贬明代宗为郕王，并且处死于谦等人，史称"夺门之变"。

有人认为，"夺门之变"是朱祁镇政变复辟，本书作者则认为此事件乃徐有贞等"还乡团"篡权之所为。本书第三部第三章《公道》中，借李贤之口向明英宗揭穿了徐有贞等人的阴谋：代宗将死、膝下无子，见深尚小，皇位非朱祁镇莫属。完全没有必要通过政变重登皇位。而政变的结果是"还乡团"成员徐有贞等入阁、封爵，篡夺大权。而被忽悠的英宗害弟杀将，落了个"不义"。醒了盹的英宗陆续除掉了"还乡团"，多少为自己挽回了一点面子。其子明宪宗朱见深即位后，为于谦沉冤昭雪，恢复代宗帝号，平反了夺门一案。

4. 朱厚照指挥的"应州之战"是"大捷"还是战败？

宪宗之子明孝宗朱祐樘，在位期间励精图治，使明朝再度中兴，史称"弘治中兴"。孝宗去世，传位于太子朱厚照，即明武宗，年号正德。

正德十二年十月，蒙古鞑靼小王子率五万人犯边，正遇上明武宗出关游玩，于是应州之战打响。此战中，朱厚照体现其军事天赋，先派少量部队引蛇出洞，再不断增加兵力，牵制敌军。这一仗打了整整一天，最终以小王子败退告终。

明武宗是历史上很有争议的一位皇帝。以往很多人认为他荒淫暴戾、怪诞无耻，是少见的无道昏君。在过去几百年史学家的笔下一直是一位荒唐至极、昏庸可笑的皇帝，他做的任何事也都打上了"荒唐""昏庸"的标签。因此，史书对这位"昏君"所指挥的应州之战的记载多有偏颇。《武宗实录》和《明史》上对其记载不多，对战果更是一笔带过："蒙古军阵亡十六人，明军阵亡五十二人。"这实际上是在说明军战败了，皇帝不仅吃了败仗，这场"荒唐"的战役更是证明正德"昏庸"的又一闹剧。

当年明月对明武宗的玩法乐法描写得淋漓尽致，可谓揭露无余。但他在《明朝那些事儿》中对应州之战有自己不同的看法，他推测：《武宗实录》记载了当时双方共约十万人参战，除去预备部队和后勤人员，当天直接参战的应该不少于六万人，这个数字换到今天，也差不多是六个师的人马。试想这么多人挤在一起近距离肉搏，而且一直从清晨打到下午，怎么可能只有十六人阵亡呢？……当年明月认为应州之战的实情很有可能与史书上记载的有很大出入，这很可能是一场真正的"大捷"。在这场战斗中，武宗亲自指挥布置，战术正确，指挥得法，体现了较高的军事指挥才能。应州之役，成为武宗一生中最为光彩的时刻。应州之战的胜利，说明朱厚照不光是一个"顽童"，还是一个英勇无畏的"总督军务威武大将军总兵官"（明武帝自命）。

现在有些人不仅仅对应州之战有了新的评价，而且认为朱厚照追求个性解放，追求自由平等，为人却又平易近人、心地善良，是极具个性色彩的一个人。

5. 嘉靖皇帝是"昏庸无道"还是"聪明透顶"？

明武宗驾崩，因朱厚照无子嗣，其四叔兴献王朱祐杬之子朱厚熜继位，是为明世宗，年号嘉靖。他 16 岁登基，60 岁去世，在位 45 年，是明朝实际统治时间最长的皇帝（万历在位 48 年，但前十年由太后听政）。

嘉靖帝继位之初，下诏废除了武宗时的弊政，诛杀了佞臣钱宁、江彬等，使朝政为之一新。不过不久与杨廷和等朝臣在议兴献王尊号的问题上发生礼议之争。之后，他打击旧朝臣和皇族、勋戚势力，总揽内外大政，皇权高度集中。大权在握，他日渐腐朽，滥用民力大事营建，迷信方士，日求长生，不问朝政，首辅严嵩专国 20 年，吞没军饷，吏治败坏，边事废弛，倭寇频扰东南沿海地区，造成极大破坏。蒙古鞑靼不断寇边，一度兵临北京城下，大肆掠夺，而严嵩不管不问，任其烧杀抢掠。在用人上，世宗"忽智忽愚""忽功忽罪"，功臣、直臣多遭杀害、贬黜。户部主事海瑞上《治安疏》被下诏狱。

毛泽东说嘉靖皇帝"炼丹修道，昏庸老朽，坐了四十几年天下，就是不办事"。很多人认为这个评价恰如其分。当年明月却另有看法，他说"在历史教科书中，嘉靖先生的评价总是脱离不了这样几个字——昏庸无道，荒淫无耻。""在明代的十几位皇帝中，嘉靖的知名度十分之高，当然了，很大的原因在于那一篇著名的《海瑞罢官》，而在很多人看来，这位嘉靖皇帝几十年求仙问道，炼丹祈福，而且不理朝政，不问百官，是个不折不扣的差劲皇帝，而且还比较蠢。""如果你这样认为，那就大错特错了，实际上，这位皇帝是明代历史上最为聪明的皇帝之一，他的智商要远远高于常人，执政四十多年，玩弄无数人于股掌之间，那些认为他是昏庸之辈的人算是彻彻底底地被他给蒙了，这其中也包括我。"当年明月的理由是："无数人都知道嘉靖皇帝朱厚熜白天不上朝，在宫中修道，不管国家大事，可是很多人并不知道，他晚上在干什么？答案是批改奏章。他虽然追求长生不老，不见大臣，但在四十多年的皇帝生涯中，没有一天懈怠过国家大事，没有一件事情能够瞒过他的眼睛，没有一个大臣能够忽悠他。"是的，他靠权谋与诡计牢牢控制着所有的人，稳固他的江山，没有人动摇他的地位。但是，聪明反被聪明误，只坐江山"不办事"，光玩虚的，使嘉靖时期成为明朝由盛到衰的重大转折点，从此明朝开始走下坡路，最终走向灭亡。

6. 真的"世间已无张居正"了吗？

张居正（1525 年－1582 年），明朝湖广江陵（荆州）人，又称张江陵。十二岁投考生员，十六岁中举。嘉靖二十六年（1547 年）中进士，由庶吉士至翰林院编修。穆宗隆庆元年（1567 年）居正任吏部左侍郎兼东阁大学士。上《陈六事疏》，声明自己关于改革时政的意见。经历了激烈的内阁斗争后，最终与高拱并为宰辅，为吏部尚书、建极殿大学士。神宗万历初年，居正与宦官冯保合谋逐高拱（关于与冯保合谋逐高拱之事，近代有不少学者提出异议，当今明月信其有）代为首辅。当时神宗年幼，张居正得到神宗生母李太后的完全信任，一切军政大事均由他主持裁决，前后当国十年，实行了（税收）"一鞭法""考成法"（考勤）等一系列政治经济改革措施，收到一定成效。万历十年（1582 年）六月，内阁首辅张居正卒，年五十八。死后不久即被宦官张诚及守旧官僚所攻讦，籍其家；至天启二年方恢复名誉。

后人对张居正的评价不一。有的说"他不仅是明朝的唯一大政治家，也是汉朝以来所少有的。诸葛亮和王安石二人，勉强可以与他相比。"也有人认为"张居正有着天使与恶魔这两面。"北大教授、著名学者龚鹏程认为"刚愎狠愎（zhizhi）、玩弄权术、排挤异己是张居正的致命伤。这是他性格上的弱点，故人人都承认他的政绩，却人人不喜欢他。"当年明月说"他是一个天才，生于纷繁复杂之乱世，身负绝学，他敢于改革，敢于创新，不惧风险，不怕威胁，是一个伟大的改革家，他独断专行，待人不善，生活奢侈，表里不一，是个道德并不高尚的人。""不是好人，不是坏人"，但"他是一个有理想、有良知的人。"

当年明月在写完张居正的事迹后，无限感叹地说："世间已无张居正"！这不正是当年明月《明朝那些事儿》的"弦外之音"吗？

关于明朝的争论还很多，如：崇祯是一个昏庸无能的皇帝还是一个力图奋起的人？袁崇焕是民族英雄还是通敌叛贼？如何看待明朝党争？等等，不再一一摘编赘述。

我的《弦外之音》到此为止。

结束语：

> 故事"新编"真敢编，
> 一本"读懂"亦非难。
> 胡云八侃"那些事儿"，
> "弦外之音"谈笑间。

以上简单几句话亦叫"打油诗"，算是我最近几年读"新编史书"的一点感悟吧。

（2013 年 9 月 21 日　农历八月十七）

后　记

古人云：读万卷书，行万里路。

读万卷书是知识学问的博览，行万里路是实践经验的积累。二者有机结合，知行高度统一，是古人提倡和追求的一种人生境界。也是我们修身养性、陶冶情操值得效仿的有效方法和目标。

我爱读书，但我读的书，离"万卷"相差甚远且多为囫囵吞枣、一知半解；我爱"行路"，我"行走"里程借助现代交通工具早已超过"万里"，但多为走马观花、浮光掠影。但我相信"开卷有益"，读书总比不读好；走出去接接地气，总比关在屋里强。

这本读史札记《宝镜》是我的"读书篇"之一，即将面世。我的"行路篇"之一——《美国见闻》也将出版。这两本书是我"读书"和"行路"的记录，也是新时期老年人多彩生活的写照。

今年是我的古稀之年。我想在七十岁诞辰之日把这两本书同时送给亲友，感谢他们多年来对我生活、工作诸方面的关心、支持和帮助，并与大家共勉：生命不息，读书不停、行路不止！

在本书即将出版之际，衷心感谢张老师在百忙中指点赐教并写序，感谢谢强、张杰等同学、同事和所有帮助本书修改、出版的亲友和同志们！

攸光临

2015 年 9 月 9 日